POR UM DIREITO CONSTITUCIONAL ALTRUÍSTA

Coleção **Estado e Constituição**

Organizadores
José Luis Bolzan de Morais
Lenio Luiz Streck

Conselho Editorial
José Luis Bolzan de Morais
Lenio Luiz Streck
Rogério Gesta Leal
Leonel Severo Rocha
Ingo Wolfgang Sarlet
André Copetti

Conselho Consultivo
Andre-Jean Arnaud
Wanda Maria de Lemos Capeller
Jorge Miranda
Michele Carducci

C268p   Carducci, Michele
           Por um Direito Constitucional altruísta / Michele Carducci, tradução de Sandra Regina Martini Vial, Patrick Lucca da Ros, Cristina Lazzarotto Fortes. – Porto Alegre: Livraria do Advogado Editora, 2003.
           85 p.; 13x21cm. — (Estado e Constituição; 2)

           ISBN 85-7348-289-3

           1. Direito Constitucional. I. Vial, Sandra Regina Martini, trad. II. Ros, Patrick Lucca da, trad. III. Fortes, Cristina Lazzarotto, trad. IV Título.

CDU – 342

Índice para o catálogo sistemático:

Direito Constitucional

(Bibliotecária responsável: Marta Roberto, CRB-10/652)

Estado e Constituição – 2

MICHELE CARDUCCI

POR UM DIREITO CONSTITUCIONAL ALTRUÍSTA

Tradução
SANDRA REGINA MARTINI VIAL
PATRICK LUCCA DA ROS
CRISTINA LAZZAROTTO FORTES

livraria
DO ADVOGADO
editora

Porto Alegre, 2003

© Michele Carducci, 2003

Capa, projeto gráfico e diagramação
Livraria do Advogado Editora

Revisão
Rosane Marques Borba

Direitos desta edição reservados por
Livraria do Advogado Editora Ltda.
Rua Riachuelo, 1338
90010-273 Porto Alegre RS
Fone/fax: 0800-51-7522
livraria@doadvogado.com.br
www.doadvogado.com.br

Impresso no Brasil / Printed in Brazil

*À minha família,
sempre presente comigo no Brasil,
um País peculiar
e emblemático
para um constitucionalista.*

Notas explicativas dos organizadores

A coleção *Estado e Constituição* chega ao seu segundo número, incorporando, agora, o debate internacional acerca do *constitucionalismo* contemporâneo em suas diversas facetas.

Com isso, os organizadores pretendem trazer à baila o debate desenvolvido em sede européia, que repercute nas discuções que se travam em sede latino-americana, onde as preocupações constitucionais dizem respeito à própria afetação concreta do texto constitucional em sua dinâmica.

Tal proposta, respaldada nas estratégias desenhadas no projeto editorial que preside esta coleção – Estado e Constituição –, aponta para a necessária construção de interfaces do debate constitucional nas diversas partes deste *planeta mundializado*.

Os textos, como já dito no primeiro número desta Coleção, a serem editados, não pretendem ser exaustivos acerca dos temas enfrentados, mas propor uma leitura renovada e inovadora, trazendo a contribuição de uma literatura pertinente, atual e sofisticada e que dê condições aos leitores de desenvolverem e construírem sua própria reflexão desde os aspectos sugeridos pelos autores ou, ainda, desde a revisão dos seus postulados.

Estes são os propósitos aqui objetivados. Conquistá-los significa não apenas uma busca incessante de colaboradores dispostos a enfrentar novos temas, mas, e sobretudo, tentar contribuir para a (re)construção de um projeto de civilização contido na vertente constitucional do Estado.

Com isto, cremos que o nosso diálogo poderá desenvolver-se de forma a produzir resultados que contribuam para este desiderato, em particular no que diz com as questões afetas ao constitucionalismo – em sua dimensão macro –, as quais, noticie-se desde logo, passam a compor os objetivos do Círculo Constitucional Euro-Americano (CCEUAM), recentemente criado e que congrega pesquisadores europeus e americanos, marcados pelo desejo de promoverem a *cultura constitucional*.

Para tanto, contamos com o apoio da Livraria do Advogado Editora e, neste presente número, com o respaldo da Fundação de Amparo à Pesquisa do Estado do Rio Grande do Sul – FAPERGS – a qual viabilizou a permanência do Prof. Dr. Michele Carducci junto ao PPGD/Unisinos, por meio da concessão de financiamento para um período de professor-visitante, sob o manto de uma proposta apresentada pelo Prof. Dr. José Luis Bolzan de Morais, um dos idealizadores deste Projeto Editorial.

Lenio Luiz Streck
José Luis Bolzan de Morais
Organizadores

Sumário

Introdução
O Direito Constitucional e a "exposição em comum" da
liberdade na perspectiva européia e/ou mundial 11

Parte I - Uma perspectiva européia ou mundial? 25
1. O Direito Constitucional entre "verdade" e "racionalização" 25
2. O Direito Constitucional como obrigação de
   não-discriminação......................... 30
3. O Direito Constitucional como "inserção em contexto" . 32
4. O Direito Constitucional como "cidadania dos outros" . . 39
5. O Direito Constitucional como "bem comum" 45
6. O Direito Constitucional como responsabilidade para
   com os outros........................... 50
7. Por um Direito Constitucional "Altruísta" 58

**Parte II - Força transformadora e contingência do processo
decisório no Direito Constitucional
Ocidental** 61
1. Direito "Altruísta" e o problema do tempo 61
2. A transformação constitucional como ato de disposição . 63
3. A transformação constitucional como mudança das
   premissas............................. 68
4. Vorläufige Verfassung e "periferias do Mundo" 70
5. A Inquietação da Europa 74

Bibliografia 79

Introdução

O Direito Constitucional e a "exposição em comum" da liberdade na perspectiva européia e/ou mundial

Falar de Direito Constitucional "altruísta" significa colocar-se o problema do outro não simplesmente como *destinatário* de normas e de interpretações consolidadas e compartilhadas, mas sim como *sujeito ativo* desta mesma comunhão constitucional, como ator do desenvolvimento das teorias constitucionais e dos métodos de compreensão dos problemas da igualdade complexa, da eqüidade, da ponderação, do julgar; em uma palavra, das questões cruciais da teoria constitucional contemporânea diante da globalização, do pluralismo multicultural e multiétnico, da sempre mais difusa *low intensity citizenship*[1] que desjuridifica as realidades, dentro e fora da Europa.[2]

Todavia, a busca de um Direito Constitucional "altruísta" aparece problemática e complexa justamente para o constitucionalismo ocidental, no interior do qual a crise da centralidade do Estado e do seu conteúdo utópico

---
[1] Segundo a conhecida definição de G. O'Donnel, *Sobre o Estado, a Democratização e alguns problemas conceituais*, em "Novos Estudos Cebrap", 36, 1993.
[2] Para uma discussão brasileira sobre questões da teoria constitucional contemporânea entre Europa e "Mondo Terzo" do constitucionalismo ocidental, cfr. C. Pereira de Souza Neto, G. Bercovici, J.F. de Moraes Filho, M. Mont'Alverne B. Lima, *Teoria da Constituição. Estudos sobre o Lugar da Política no Direito Constitucional*. Lumen Juris, Rio de Janeiro, 2003.

de transformação da realidade, a auto-referência da "jurisdicionalização" do direito constitucional, os processos "não-constituintes" de integração supranacional, a complexidade moral do multiculturalismo "não ocidental" e/ou "pré-moderno", o paradoxo dos nacionalismos contrapostos às constitucionalizações "sem Estado e sem Nações" determinam uma diferenciação ainda mais marcada entre dimensões jurídicas, políticas, filosóficas, antropológicas de identificação do "outro" no interior dos *ultimate principles* da teoria e do agir constitucional.[3]

De fato, *quem* define e *como* se define o "outro"?[4]

A dificuldade de um consenso substancial acerca da resposta vem acompanhada da impossibilidade de "neutralidade política" nas soluções substanciais e deliberativo-procedimentais proponíveis pelo teórico constitucional, de modo que cada resposta está destinada à parcialidade e à contingência do tempo e do espaço,[5] confirmando, ainda nesta perspectiva, o destino inexorável de um Direito Constitucional como "disciplina dirigida",[6] mas nem por isso insensível ao "outro".

Eis por que a nossa contribuição não intenciona fornecer soluções, mas apresentar ulteriores perguntas, projetadas em uma dimensão transdisciplinar de busca de um Direito Constitucional "altruísta", que certamente não é "outro" em relação ao Direito Constitucional com suas atuais referências de inclusividade discursiva

---

[3] A. Spadaro, *Contributo per una teoria della Costituzione. I. Fra democrazia relativista e assolutismo etico*, Giuffrè, Milano 1994.
[4] Interrogação paralela àquela recentemente colocada por F. Müller com o título *Que grau de exclusão social ainda pode ser tolerado por um sistema democrático?*, em "Revista da Procuradoria-Geral do Município de Porto Alegre", Unidade Editorial da Secretaria da Cultura, Porto Alegre, 2000.
[5] Parcial e portanto não absolutista, nas observações de R. Cass Sunstein, *The Partial Constitution*, Harvard University Press, Harvard (Mass.), 1993 e da concepção alemã da *Teilverfassung*.
[6] No significado de J.J. Gomes Canotilho, *O Direito Constitucional na Encruzilhada do Milénio: de uma Disciplina Dirigente a uma Disciplina Dirigida*, em AA. VV., Constitución y Constitucionalismo hoy, Mac-Graw Hill, Caracas 2000, p. 215 ss.

e de transformação dos seus paradigmas no tempo, e que por isso não pode ser tratado como simples instância retórica de cosmopolitismo, mas muito mais como desafio de compreensão da complexidade e de seus paradoxos, dentro e fora da Europa.

Neste esforço, a busca do Direito Constitucional "altruísta" favorece o confronto de idéias e o pluralismo da compreensão,[7] para tornar-se um instrumento capaz de traçar os novos vínculos de amizade do "homem mundializado" e do "mundo mundializado".

Porém, trata-se a prática constitucional do "espaço público"[8] de um instrumento de inclusão na indivisibilidade dos direitos humanos?

O "mundo morto dos opressos"[9] e os cidadãos detentores de identidades e etnias diversas da dominante[10] no constitucionalismo ocidental podem ser representados com eqüidade perante os Estados constitucionais[11]?

É possível um constitucionalismo *por* e/ou *de* um "*Mondo Terzo*"[12] dos "outros" diante da crise do Estado Social, da internacionalização e transformação espacial dos direitos humanos[13] e de um "growing international law skeptizism", consequência da unilateral "democratic national constitutionalism" estadunidense, baseado

---

[7] A expressão é de M. Rosenfeld (ed.), *Constitutionalism, Identity, Difference and Legitimacy: Theoretical Perspectives*, Duke University Press, Durham, 1994.
[8] A expressão é de Peter Häberle e de D. Garcia Belaunde, *¿Existe un espacio público latinoamericano?*, em "Revista Latinoamericana de Estudos Constitucionais", 1, 2003, p. 1 ss.
[9] A expressão é de P. Bonavides, *Do País constitucional ao País Neocolonial*, Malhieros Ed., São Paulo 2001, p. 185 ss.
[10] A expressão é de J. Ramon Capella, *Os Cidadãos Servos*, Sergio Fabris Ed., Porto Alegre 1998.
[11] A. Gutman (ed.), *Multiculturalism – Examining the Politics of Recognition*, Princeton Univ. Press., New Jersey 1994. No Brasil, veja-se G. Cittadino, *Pluralismo, Direito e Justiça Distributiva*. Lumen Juris, Rio de Janeiro 1999.
[12] A expressão "Mondo Terzo" é utilizada para significar que existe um mundo diferente do europeu e dos Estados Unidos, onde o debate constitucional reconhece e discute os mesmos problemas do constitucionalismo europeu e norte-americano, com o mesmo valor científico e empenho cultural.
[13] J.L. Bolzan de Morais, *As Crises dos Estados e da Constituição e a transformação espacial dos direitos humanos*, Livraria do Advogado, Porto Alegre 2002.

sobre a "almost overtly political nature of American constitucional law"?[14]

Pode uma democracia invariavelmente fundada em um certo número de princípios abstratos desvincular-se da *idolatria do Estado* e redefinir-se como lugar comum de erradicação[15] de identidades, como reconhecimento da impropriedade de todas as identidades histórico-culturais e, portanto, como espaço (não-localizado e policêntrico) da *"exposição em comum da liberdade"*?[16]

Este é o desafio ao qual o universalismo democrático, constitucional e plural é chamado a responder: é uma prova irresistível – e, ao mesmo tempo, uma prova do irresistível –, ainda mais arriscada quanto mais os modelos de participação da tradição política européia revelam-se inadequados. Por exemplo, como distinguir – se for possível fazê-lo – entre os nacionalismos "bons" e os "ruins"?

Não seria urgente repensar os dois modelos de nação que se tornaram exemplares na história política e intelectual européia? Ou seja, a concepção francesa, na qual a unidade política é constitutiva da nacionalidade (um paradigma universalista, racionalista e "centrado no Estado"[17]), e a concepção alemã, na qual a nação não é considerada depositária de valores políticos universais, mas sim "uma comunidade orgânica, cultural, lingüística e étnica"?[18]

Nenhum destes dois modelos – nem o francês, que submete a nação à constituição territorial e institucional do Estado, nem o alemão, no qual a unidade étnico-cul-

---

[14] J. Luther, *Costituzionalismo europeo e costituzionalismo americano: scontro o incontro?*, em www.associazionedeicostituzionalisti.it/cronache/.
[15] M. Troper, *L'Avenir du Droit Constitutionnel*, em "Revue Belge de Droit Constitutionnel", 2, 2001, p. 131 ss.
[16] A expressão é de J. L. Nancy, *L'expérience de la liberté*, Galilée, Paris 1988, p. 212.
[17] Veja-se, em propósito, W.R. Brubaker, *Immigration, citoyenneté et État-Nation em France et en Allemagne: une analyse historique comparative*, em "Les Tempes Modernes", 540-541, 1991, p. 303.
[18] *Ibidem*.

tural é prioritária em relação à unidade política – têm, agora, a capacidade de responder à proliferação das identidades impróprias do "homem mundializado".

Como interpretar, então, a explosão de nacionalismos, separatismos, autonomismos que o "fim da guerra civil européia" parece ter encetado na Europa, se não se tratarem de uma simples reedição e reativação da idéia e dos ideais de nação herdados da Revolução Francesa e dos movimentos democráticos e liberais do Século XIX, que pretendiam conquistar a independência do Estado-Nação.

Hoje, por exemplo, os estudos de L. Dumont começaram a esclarecer que as nações da Europa Ocidental do Século XIX nada mais são do que "variações nacionais" da *ideologia moderna* ou, o que é a mesma coisa, das "subculturas nacionais"[19] de uma, mais geral, "configuração de idéias–valores" que estruturaram a cultura e a civilização moderna, como o "individualismo (oposto ao holismo), a primazia das relações com as coisas (oposto àquele das relações entre os homens), a distinção absoluta entre sujeito e objeto (oposta a uma distinção somente relativa, ou seja, flutuante), a separação dos valores em relação aos fatos e às idéias (oposta à sua indistinção ou estreita combinação), a distribuição do conhecimento em planos (disciplinas) independentes, homólogos e homogêneos".[20]

Em outras palavras, aquilo que as nações da Europa Ocidental do Século XIX nos mostram são verdadeiros e próprios processos de "aculturação", ou seja, de interação entre a civilização moderna e as culturas não-modernas, das quais surgiram formas "híbridas" de combinação e ajuste recíprocos entre elementos heterogêneos de uma e das outras.

---
[19] L. Dumont, *Homo aequalis, II. L'ideologie allemande. France – Allemagne et retour*,Gallimard, Paris 1991, p. 33.
[20] *Ibidem*, p. 20.

Daí a necessidade de uma análise antropológica comparativa, ou de uma investigação intercultural, que nos restitua uma imagem articulada e diferenciada da modernidade, dos conflitos entre culturas opostas e dos condicionamentos mútuos que são produzidos nesta modernidade, na tentativa de conciliar princípios antagônicos como o individualismo e o holismo, entre os valores universalistas do primeiro e os valores tradicionais ou autóctones do segundo. "Quando, sob o impacto da civilização moderna – escreve Dumont – uma cultura específica adapta-se àquilo que ela considera modernidade, constrói representações que a justifiquem, diante de si mesma, em relação à cultura dominante.

Estas representações constituem uma espécie de síntese, que pode ser mais ou menos radical, algo como uma aliança entre duas espécies de idéias e de valores, sendo algumas de inspiração holística, por serem autóctones, enquanto outras são mutuadas da configuração individualista dominante.

Estas novas representações possuem duas faces, uma voltada para o interior, particularista e autojustificante, e a outra voltada para a cultura dominante, universalista. E aí está o fato enorme ainda não verificado...: *graças à sua face universalista, estes produtos da aculturação de uma cultura específica podem entrar na cultura dominante, na cultura mundial.*

Acrescentemos que estes produtos têm mais possibilidade de serem bem recebidos, quanto mais resultarem úteis a cada aculturação sucessiva de uma cultura qualquer (como aconteceu com a teoria étnica da nação e com o artificialismo intensificado e anticapitalista de Lênin)".[21] Portanto, as relações entre civilização moderna e culturas autóctones são bilaterais, como demonstram os exemplos da doutrina étnica das nações de derivação *herderiana* e do marxismo de Lênin. A primei-

---
[21] *Ibidem*, p. 29.

ra encontrou desde o começo amplo eco entre os povos eslavos, sem o Estado da Europa Central, enquanto o segundo forneceu às revoluções nacionais e socialistas do "Mondo Terzo" o modelo de transição, que pretendia dispensar os estágios capitalistas do desenvolvimento (de onde deriva o "artificialismo" do qual fala Dumont). A mistura entre individualismo e holismo pode tornar-se perigosa e explosiva, ainda mais, nas formas "híbridas" de culturas que nascem do encontro entre a civilização (pós?-)moderna e as culturas "não-modernas", onde se produz uma dinâmica de intensificação de determinados valores autóctones, organicamente "anti-modernos".[22]

Foi o que aconteceu, de modos diversos, na Alemanha do Século XIX e nas primeiras décadas do Século XX e, na Rússia, no final do Século XIX.[23] Isto é o que poderia acontecer no mundo islâmico com conseqüências inimagináveis no momento.

Por isso permanece decisiva – e completamente em aberto – a questão da *cidadania*. É legítimo continuar "incorporando" (usando a expressão de Lefort) a cidadania ao fato de pertencer a uma Nação ou a um Estado? Não deveria a cidadania ser "desamarrada" de uma e da outra e redefinida acima de qualquer auto-referência cultural e de qualquer superstição de estado (ou de qualquer sacralização do corpo político)? O universalismo democrático, levado às suas últimas conseqüências,

---

[22] Veja-se Ch. Tayolr, *Multiculturalism and the Politics of Recognition*, Princeton University Press, New Jersey 1992 e J.M. Adeodato, *Legal decision-making proceedengs in underdeveloped Countries*, em "Indian Social-Legal Journal", 1-2, 1992, p. 161 ss.
[23] "As culturas – escreve Dumont – como expressão de identidades coletivas, devem ser levadas a sério. De fato, o caso alemão, exemplar pela interação entre a civilização mundial e uma cultura específica, apresenta, de forma elaborada, quase que sob uma lente de ampliação, aspectos que estão onipresentes na nossa época. Aquilo que *prima facie* é considerado como atributo de um povo específico, na realidade é, freqüentemente, o resultado de uma interação similar. Por isso, os valores antagonistas do holismo e do individualismo combinam-se no mundo atual segundo modalidades problemáticas análogas àquelas da história alemã" (*ibidem*, p. 56; tradução nossa).

exatamente por não suportar nenhum postulado teológico-política (e, portanto, nem o postulado da Nação, nem o postulado do Estado) não admite existir indivíduos que possam ser sacrificados para o "bem comum", ou mesmo, para o "bem" da maioria.

A autonomia e a supremacia do indivíduo são, como justamente observou H. Jonas, uma espécie de "axioma metafísico" da modernidade, no sentido de que, no contrato social, que está na base da convivência civil e política, as obrigações assumidas são "recíprocas" e "gerais", sendo que "ninguém é escolhido para um sacrifício em particular".[24] Por conseqüência, "o contrato social não prevê nunca uma total negação dos interesses pessoais e, assim, o sacrifício verdadeiro permanece fora do mesmo".[25] Verdadeira esfera de sacrifício – que inclui povos, nações e indivíduos – era aquela que estava além do *jus publicum Europaeum,* sendo que a crise deste último coincide com a evolução, na Europa, do velho Estado liberal ao Estado democrático (que redefine o conceito de soberania como soberania popular) e, ao mesmo tempo, com a afirmação progressiva do direito das nações e do princípio da autodeterminação dos povos.[26] Cabe lembrar que, a partir da segunda metade deste século, produziram-se processos grandiosos, do ponto de vista histórico–político, que colocaram em discussão a legitimidade, no plano dos ordenamentos internos ou naquele do *jus inter gentes,* daquilo que, com Girard, poderíamos chamar de "mecanismo vitimário",[27] o qual leva a considerar o outro tão estranho a ponto de excluí-lo da comunidade (tanto interna como internacional).

---

[24] H. Jonas, *Dalla fede antica all'uomo tecnologico,* trad. italiana Il Mulino, Bologna 1991, p. 181.
[25] *Ibidem,* p. 182.
[26] v. P. Lucas Verdú, *La Lucha por el Estado de Derecho,* Publicaciones del Real Colegio de España, Bolonia 1975.
[27] De R. Girard se verifique, de modo especial, *La violenza e il sacro,* trad. italiana Adelphi, Milano 1987.

A extensão do sufrágio universal, a descolonização e a multiplicação dos direitos individuais e sociais constituem o indício mais significativo do fato que a *ética da democracia é, ao mesmo tempo, universalista e anti-sacrifical*.[28] A própria catástrofe da experiência comunista de construir o "homem indiferenciado" marca uma deslegitimação de proporções épicas da lógica sacrifical e, no lugar do sujeito infinito capaz de recriar-se, reempossa o sujeito humano em toda a sua finitude.[29] Como observou Nancy, o "homem mundializado" continua ainda *finito*,[30] ou melhor, mais do que nunca relegado ao peso e ao fardo da sua contingência.

Neste enfoque, deve ser interpretado aquilo que foi chamado de "despertar das nações", depois do desmoronamento do comunismo. *Diferenças e particularidades* histórico-culturais, por um longo tempo reprimidas e negadas, voltaram prepotentemente à tona na ex-União Soviética e na Europa Balcânica. Com exceção da Alemanha oriental, pacífica e aceleradamente reunificada à Alemanha ocidental e numerosos Estados entraram em fase de "mobilização" e de "deslocalização": bálticos, russos, asiáticos do norte, ucranianos, tchecos, eslovacos, húngaros, poloneses, sérvios, croatas, eslovenos, albaneses, romenos, búlgaros, dentre outros.

Um etnólogo ou antropólogo cultural, ante essa multiplicação inédita de identidades, poderia observar que estamos diante da tomada de consciência do fato que existe uma pluralidade de culturas (de linguagens, de formas de vida, de tradições, etc.) e que todas essas culturas têm o direito de ser reconhecidas em sua especificidade. Por outro lado, a atual intensificação diferencial ou pluralística não é por nada estranha à dinâmica própria da idade moderna, que na categoria da *diferen-*

---

[28] U. Cerroni, *Regole e valori della democrazia*, Editori Riuniti, Roma 1989.
[29] Veja. J. M. Adeodato, *Ética e retórica*, Saraiva, São Paulo 2002, p. 199 ss.
[30] J.L. Nancy, *Guerre, droit, souveraineté – tecnhé*, em "Le Temps Modernes", 539, 1991.

ciação encontrou a modalidade fundamental dos seus processos evolutivos.[31]

Mas o ponto crítico verdadeiramente novo, em relação ao passado, está no fato de que os impulsos de diferenciação, pela primeira vez, desafiam e põem à prova a capacidade do universalismo democrático de tornar a pluralidade da "lei" da Terra. Para superar a tendência à "etnicização" dos povos – que desvirtua em um fechamento tribal o direito à diferença – resultam, por isso, insuficientes – se não até mesmo desviantes – o modelo francês (a superstição do Estado) ou aquele alemão de nacionalidade (a unidade étnico-cultural, que está a um passo do culto do *Blut und Erde*). O fato é que o chamado "despertar das nacionalidades" nasceu da rediscussão dos acordos de Yalta, que sancionaram as fronteiras arbitrariamente estabelecidas por Stalin no Leste europeu, ou do ordenamento surgido em Versailles, no final da primeira guerra mundial, quando, com a dissolução do império austro-húngaro, foram criadas a Iugoslávia e a Tchecoslováquia (que, com a Romênia, resultaram, de fato, Estados territorialmente avantajados), enquanto a Polônia, a Hungria, a Bulgária e a Albânia foram sacrificadas sobre o altar da razão de Estado das potências européias.

Nesse sentido, reparar os danos que foram perpetrados, e dos quais os povos conservam memória histórica, é o primeiro ato que precisa cumprir se quiser instaurar *novas linhas de amizade* no continente europeu e no planeta inteiro. Mas a adoção desse critério anti-sacrifical não significa a reabilitação do romanticismo das etnias e das "pequenas pátrias", ou seja, daquele comportamento que encontramos freqüentemente, hoje, na base da fórmula, hoje em moda, da "Europa das regiões".[32]

---

[31] Veja N. Luhmann, *Struttura della società e semântica*. trad. italiana Laterza. Bari-Roma 1983.
[32] Veja, em propósito, R. Dahrendorf, *Politik, Eine Kolumne. Europa der Regionen?*, em "Merkur", 509, 1991, p. 707. R.A. Dahl, também, acredita que a escolha de uma maioria não é suficiente para justificar o pedido de autonomia por parte de um grupo em relação àquilo que ele chama de "Central Coun-

Tratar-se-ia, como se costuma dizer, de um remédio pior do que o mal, porque justificaria, indiscriminadamente, todas as tentações separatistas das minorias, simplesmente camufladas pela ideologia da "autenticidade" e da "diversidade", de transformar-se em vários, pequenos, Estados-Nações. Por outro lado, quem garantiria as minorias nas minorias, uma vez legitimada a tendência centrífuga de constituir-se em Estados-Nações? A propósito, tem razão Dahrendorf, quando enfatiza que *"o reconhecimento internacional de uma nova formação estatal deve pressupor rigorosas garantias para as minorias que nela permanecem"*.[33] De fato, nada assegura que a autodeterminação caminhe junto com a criação de instituições democráticas e com a introdução dos princípios constitucionais.

A tendência à "etnicização" do conceito de nação, que alimenta a ilusão de reconquista de uma identidade "própria" e mais profunda (a identidade da estirpe), desemboca, inevitavelmente, em uma idéia de comunidade fechada e homogênea, ou seja, em novas formas de totalitarismo. O universalismo democrático requer uma sociedade aberta e pluralística, incompatível com a concepção étnico-cultural da nação (o mito da comunidade orgânica), e com a superstição do Estado e da sua onipotência. Entre os dois extremos, de um Estado-Nação mono-étnico e de um Estado centralizado e burocrático, de tipo imperial, que unifica, com coação, uma miríade de povos diversos, há todo o espaço para a *imaginação política*, para inventar federações, confederações, uniões econômicas, tratados políticos, instituições locais, descentralizadas, regidas por um centro democrático, associações de vários gêneros. O essencial é que

---

try", pois se torna necessário garantir o respeito dos direitos das minorias. Veja R.A. Dahl, *Democracy, Majority and Gorbachev's Referendum*, em "Dissent", 1991, p. 491-496.
[33] *Ibidem*, p. 706.

reparar as injustiças do passado não signifique perpetrar novas e, talvez, mais intoleráveis...

O problema, então, não é aquele de negar o direito de novas nações, como também não, no oposto, aquele de encorajar a "fibrilação" da "Europa das regiões". O universalismo democrático encontra-se diante da enorme tarefa de juntar a necessidade de enraizamento ou, que significa a mesma coisa, a necessidade de identidade histórica, declarada por aqueles povos que sofreram, de várias formas, a violência da desnacionalização e da desculturalização, com a questão da cidadania e dos direitos conexos. Em uma palavra, dar uma resposta adequada à necessidade de enraizamento não significa somente redesenhar as fronteiras saídas da paz de Versailles e da partilha de Yalta, mas, contemporaneamente, situar, também, essa arriscadíssima empresa de reordenar o espaço no contexto do universalismo da forma democrática, como lugar da exposição em comum da liberdade.

O-estar-em-comum da liberdade entreabre, de fato, *um estar em comum, sem essência e sem um próprio* e requer a elaboração rigorosa de uma política democrática planetária, encarregada de responder aos urgentes pedidos de "direitos e rendas" (*entitlements* e *provisions*)[34] que provêm da humanidade "globalizada". O estar-em-comum da liberdade, que é o destino ou o futuro da universalização da forma democrática, impõe, portanto, tarefas de infinita responsabilidade. Longe de ser a máscara totêmica dos interesses econômicos privados (Schmitt) ou

---

[34] Estes conceitos foram elaborados por A. Sen. "It is usual – escreve ele – to characterize rights as relationships that hold between distinct agents, e. g. between one person and another, or between one person and the state. In contrast, a person's entitlements are the totality of things he can have by virtue of his rights. What bundle of goods he ends up with will, of course, depends on how he exercises his rights, and so the entitlements are best viewed as a *set* of bundles any one of which he cn have by using his rights" (A. Sen, *The right not to be hungry,* in AA. VV., *Contemporary Philosophy. A new survey,* ed. By G. Fløstad, Vol. 2, Martinus Nijoff Publishers, The Hague/Boston/London 1982, p. 347).

do "projeto calculador" da Técnica (Heidegger), o universalismo democrático é a única chance que é dada ao "homem globalizado" de pensar e construir *novas linhas e amizade* entre os povos e entre as nações, sem mais esferas sacrificais e nem pretensões de "cercas", ditadas pela lógica da força ou do mito de identidades étnico-culturais homogêneas.

Parte I

Uma perspectiva européia ou mundial?

1. O Direito Constitucional entre "verdade" e "racionalização"

Paul Ricoeur observou, justamente, que qualquer concepção de justiça 'procedural' – inclusive aquela de Rawls – não pode ser desatrelada de um "sentido da justiça"[35] que a preceda e a acompanhe, mesmo quando já estiver estruturada em um discurso coerente: uma espécie de círculo hermenêutico, onde "o sentido da justiça" constitui o terreno da pré-compreensão para medir as pretensões de validade de uma teoria da justiça que entenda apresentar-se como "verdadeira". Apesar de Rawls não renunciar completamente à procura de provas independentes da verdade dos seus princípios de justiça, ele confia a plausibilidade destes princípios àquilo que ele define "equilíbrio reflexivo" entre a construção da teoria e os nossos "julgamentos ponderados".[36] "É um equilíbrio – explica Rawls – porque, enfim, os nossos princípios coincidem com nossos julgamentos; é reflexivo, porque sabemos a quais princípios conformam-se os nossos julgamentos, e conhecemos as premissas de sua derivação... Mas este equilíbrio não é necessaria-

---

[35] P. Ricoeur, *Sé come un altro*, trad. italiana, Jaca Book, Milano 1993 p. 274 e seguintes e também o ensaio, *J. Rawls: de l'autonomie morale à la fiction du contrat social*, em "Revue de Metaphisique et de Morale", 3, 1990, p. 367-384.
[36] J. Rawls, *Uma Teoria da Justiça*, trad. portuguesa Presença, Lisboa, 1993, p. 34-35.

mente estável".[37] Sem dúvida, a noção de "equilíbrio reflexivo" abre, na elegante estrutura conceitual de Rawls, uma brecha, através da qual, a idéia da justiça e das instituições justas torna-se o objetivo de um confronto crítico e também conflituoso, entre os atores sociais no espaço público-político da sociedade civil.

De fato, se os dois fundamentais princípios de justiça que as pessoas escolheriam na "situação inicial" e sob o "véu da ignorância" (o princípio de igualdade, na determinação de direitos e deveres fundamentais, e o princípio da diferença, que justifica as desigualdades econômicas e sociais somente com a condição de produzir benefícios compensativos para os menos avantajados), são fruto de um "ajuste", ou de uma dialética recíproca, entre as nossas convicções e o esforço de instituir um complexo significativo de princípios, a teoria 'procedural' da justiça revela-se, então, como nada mais que uma "racionalização" das nossas convicções e dos nossos julgamentos, mais ou menos ponderados, ou seja, uma "racionalização" – de ordem prática e teorética – que parece destinada a nunca ter um término conclusivo. Rawls não parece levar a sério a sua própria tese de que uma concepção 'procedural' da justiça não pode obedecer a critérios de "ajuste" (*fitness*) entre a teoria e as convicções, e persegue, ao contrário, a ilusão de que se possa chegar à *descoberta* das melhores condições possíveis da "situação inicial".

Ou seja, a concepção 'procedural' da justiça como eqüidade (*fairness*) pode pôr fim à discussão moral e ao processo interpretativo sobre os princípios compartilhados.[38] Então, se os princípios morais – inclusive os

---

[37] *Ibidem*, p. 35.
[38] A ambição de Rawls é fornecer à teoria do contratualismo uma rigorosa estrutura lógico-dedutiva e, então, levantá-la ao nível de um verdadeiro saber científico. Criticando a hipótese de elaborar os princípios de justiça a partir do ponto de vista de um observador é imparcial, ele escreve: "a definição que utiliza o observador imparcial não faz nenhuma assunção de onde possam ter derivados os princípios de justo e de justiça. Ela objetiva, ao contrário,

princípios de justiça – não são verdades lógico-matemáticas, nem paradigmas científicos no sentido de Kuhn, desmembráveis por momentos de ruptura revolucionária, mas sim, para usar a expressão de Oakeshott, "vernáculos da conversação moral"[39] que se aprendem com o uso (revisora – o sentido desse "aprendem" é o de "aprender"), e através dos quais, os usuários compreendem a si mesmos e aos outros, a conseqüência é que os conceitos e as práticas morais têm a ver com a interpretação e o *conflito das interpretações* (Ricoeur) de convicções e orientações normativas que já compartilhamos e não com argumentações racionais que se apresentem como "verdadeiras" ou integralmente dirimentes. Podemos dizer, de acordo com Walzer, que, com a falta da perspectiva, subordinando a justiça a um conceito de bem, definido *ex ante*,[40] a interpretação dos princípios morais, torna-se mais "uma questão de crítica social (bem feita) e de luta política que de especulação filosófica".[41]

---

ressaltar algumas características típicas do discurso moral, como o fato de termos a tendência a apelar aos nossos julgamentos ponderados depois de uma cuidadosa reflexão e assim por diante. A definição do contratualismo ambiciona algo mais: tenta fornecer aos princípios uma base dedutiva que justifique estes princípios. As condições da situação inicial e a motivação das partes servem para expressar este objetivo" (*ibidem*).

[39] M. Oakeshott, *La condotta umana,* trad. italiana Il Mulino, Bologna 1985, p. 81.

[40] "É essencial lembrar – precisa Rawls – que, em uma teoria teleológica, o bem é definido de modo independente do justo. Isto significa duas coisas. Sendo a primeira o fato de que a teoria justifica os nossos julgamentos ponderados em relação àquilo que é bom (os nossos julgamentos de valor) como uma classe separada de julgamentos intuitivamente identificáveis por meio do sentido comum e, sucessivamente, avança a hipótese de que o justo consiste na maximização do bem, precedentemente determinado. Em segundo lugar, a teoria torna possíveis julgamentos sobre o bem sem referência àquilo que é justo... Como pode se entender intuitivamente, o problema da distribuição recai diretamente sob o conceito de justo, e a teoria acaba por perder, assim, uma definição independente do bem"(J. Rawls, *Uma Teoria*, obra citada, p. 38).

[41] M. Walzer, *Interpretazione e critica sociale*, trad. italiana, Edizioni Lavoro, Roma 1990, p. 43. Walzer considera que a abordagem "hermenêutica" – que ele contrapõe àquela "positivista" – dos problemas da moral (e da política) é inevitável, visto não dispormos de nenhum critério absoluto para dar um fim ao desacordo. "A interpretação – esclarece ele- não nos entrega a uma leitura positivista da moral efetivamente existente e nem a uma descrição dos fatos morais como se fossem imediatamente disponíveis para nossa compreensão".

Certamente tem algum significado o fato de que os princípios propostos por Rawls sejam formulados e desenvolvidos, bem antes de sua demonstração, como puros princípios racionais (parágrafo 26,30), e que sejam apresentados, de forma preliminar em relação à indagação e à ordem da exposição da teoria, como aqueles "princípios que pessoas livres e racionais, preocupadas em perseguir os próprios interesses, aceitariam em uma posição inicial de igualdade para definir os termos fundamentais da sua associação".[42]

A pressuposição de determinados princípios morais (em especial, neste caso, o princípio de igualdade e o princípio de diferença), ao invés de outros, não atesta somente a imprescindibilidade da *Wertbeziehung* na construção da empresa científica (como Weber nunca cansou de enfatizar), mas sobretudo confirma que o justo não é algo *a priori* a ser descoberto, mas sim o efeito de uma discussão e de um processo interpretativo, no qual não dispomos de nenhum metacritério para separar o que Habermas chama de "argumento melhor",[43] que ponha fim ao desacordo e que estruture os verdadeiros problemas da justiça "de modo que possam ser resolvidos no interesse bem ponderado e harmônico de todos".[44] Sabemos, por exemplo, que o segundo princípio

---

[42] J. Rawls, *Uma Teoria*, obra citada, p. 27.

[43] Especificando o conceito de "situação lingüística ideal", Habermas afirmou que "no espaço social e no tempo histórico podemos, objetivamente, aproximar a idéia de ilimitada comunidade comunicativa àquela de situação argumentativa. Nos orientamos em qualquer momento em direção a esta idéia, somente esforçando-nos em: a) ouvir todas as vozes de qualquer forma relevantes; b) tornar válidas as melhores argumentações disponíveis no momento, em qualquer situação cognitiva; c) fazer com que somente a força não-coercitiva da argumentação melhor determine a tomada de posição, para o sim ou para o não, dos participantes. Infelizmente, defini, em uma ocasião, a situação na qual fossem satisfeitos estes pressupostos ideais como 'situação lingüística ideal', e esta formulação é desviante por ser demais concretista" (J. Habermas, *Intervista con H. Nielsen*, em Id, *La rivoluzione in corso*, trad. italiana, Feltrinelli, Milano 1990, p. 134).

[44] Habermas, *Intervista con H. Nielsen*, obra citada, p. 21. "Não deveríamos esperar – escreve Habermas – uma resposta completamente vinculativa, se perguntarmos o que é bem para mim ou para nós ou para eles; deveríamos

rawlsiano da justiça gira ao redor da questão da igualdade.

Ricoeur notou, a propósito, que a enunciação deste princípio é composta por duas partes, entre as quais vige uma ordem "serial" ou "lexical" igual àquela que rege os dois fundamentais princípios de justiça. De fato, como o primeiro princípio antecede o segundo e, portanto, "um desvio das instituições de igual liberdade, exigido pelo primeiro princípio, não pode ser justificado e nem compensado por maiores vantagens econômicas".[45] Do mesmo modo, uma ordem "lexical" vige entre as duas partes do segundo princípio, no sentido de que aos menos favorecidos é atribuída uma precedência "lexicográfica" em relação a todos os outros parceiros. Isso não deixa de ter conseqüências.

De fato, o "princípio de diferença", estabelecendo que "desigualdades econômicas e sociais, como riqueza e poder, são justas somente se produzem benefícios compensativos para cada um e, de modo especial, para os membros menos avantajados da sociedade",[46] intro-

---

sim perguntar-nos o que é *bem em igual medida para todos*. Este 'ponto de vista moral' forma um cone luminoso nítido mas estreito, que individua, na massa de todas as questões de avaliação, aqueles conflitos de interesse generalizáveis: são estas as questões de justiça" (*ibidem*).

[45] J. Rawls, *Uma Teoria*, obra citada , p. 27.

[46] *Ibidem*, p. 30. Rawls enuncia assim os dois princípios de justiça: "*Primeiro princípio* – Cada pessoa tem um igual direito ao mais amplo sistema total de iguais liberdades fundamentais, de forma compatível com um igual sistema de liberdades para todos. *Segundo princípio* – As desigualdades econômicas e sociais devem ser: a) para o maior benefício dos menos avantajados, de forma compatível com o princípio da justa economia e b) ligadas a cargos e posições abertos a todos em condições de justa igualdade de oportunidade. *Primeira regra de prioridade* (a prioridade da liberdade) – Os princípios de justiça devem ser ordenados lexicalmente e, portanto, a liberdade pode ser limitada somente em nome da própria liberdade... *segunda regra de prioridade* (a prioridade da justiça em relação à eficiência e ao bem-estar) – o segundo princípio antecede lexicamente o princípio da eficiência e aquele da maximização da soma das vantagens; a justa oportunidade antecede o princípio da diferença... *Concepção geral* – Todos os bens sociais principais – liberdade e oportunidade, renda e riqueza, e as bases para o respeito de si mesmo – devem ser distribuídos de forma igual, a menos que uma distribuição desigual não represente uma vantagem para os menos avantajados" (*ibidem*, p. 255-256).

duz, explicitamente, uma cláusula que, na linguagem de Girard, podemos definir "anti-sacrifical":[47] aquele que poderia ser a vítima não pode ser sacrificado no altar do que chamamos "bem comum", nem para vantagem daquela que os utilitaristas definem a "felicidade do maior número".

Mas, uma vez aceito o princípio de diferença, ainda há que decidir, concretamente, a sua aplicação prática no interior de contextos historicamente determinados. Qual o grau de igualdade unanimemente aceitável? Qual a combinação que todos considerem justa entre liberdades fundamentais como a liberdade política, a igual proteção, as iguais oportunidades, etc.?

2. O Direito Constitucional como obrigação de não-discriminação

O fato é que liberdade e igualdade são valores "intrinsecamente complexos"[48] e, sobretudo, não são valores "discretos", ou seja, caracterizáveis de forma independente um do outro.

Por esta razão, responder à pergunta de A. Sen "Igualdade de quê?"[49] não pode ser simples nem linear. De qualquer modo, Lukes observa que "toda resposta plausível ao quesito de Sen deve prever, sobretudo, aqueles aspectos das condições de uma pessoa que mantém ou alarga o seu leque de escolhas significativas", a ponto de muitos autores (Dworkin, Sen e outros) "mesmo com ênfases diversas, considerarem a liberdade – no sentido da disponibilidade de escolhas significativas entre opções de desejo, convicção e ação – como

---

[47] P. Ricoeur, *Sé come un altro*, obra citada, p. 273. Sobre a leitura "girardiana" de Rawls, veja J. P. Dupuy, *John Rawls et la question du sacrifice*, em "Stanford French Review", 1986, p. 135-152.
[48] S. Lukes, *Equality and Liberty: Must they Conflict?*, em Id., *Moral Conflict and Politics*, Clarendon Press, Oxford 1991, p. 62.
[49] Citada em S. Lukes, *Equality and Liberty*, obra citada, p. 61.

parte integrante da igualdade".[50] Se as coisas estão assim, a diferença, relevada por Walzer, entre "concepções compartilhadas" (*shared understanding*) de liberdade e igualdade e o dissenso, que intervém em sua aplicação concreta, deve ser ulteriormente especificado com relação ao que damos efetivamente valor, quando avaliamos liberdade e igualdade.

Por exemplo, na avaliação da igualdade, aquilo a que damos valor é "a idéia de que os interesses essenciais de cada um devem ter igual peso ou consideração, que não deve existir *discriminação* entre os indivíduos ou grupos no plano dos interesses".[51] Portanto, se assumirmos igualdade e liberdade como idéias "complexas" e "interdependentes", podemos interpretar a "cláusula anti-sacrifical" do segundo princípio de Rawls como parte integrante de uma teoria normativa da democracia, fundada sobre o conceito não-utilitarista de cidadania.

Elster observou que "a norma da igualdade é transparente e irresistível. É uma característica inevitável de uma sociedade democrática que se apóia sobre uma discussão pública e racional; (portanto) para se opor a ela, é necessário reconhecê-la e para ignorá-la necessitaria recusar o *framework* democrático da discussão e da justificação".[52] Em outras palavras, o moderno *welfare State* está incorporado em uma democracia política que garante aquele espaço público-político que é a sociedade civil – na qual acontece o conflito, o debate e a justificação das interpretações dos nossos "interesses essenciais" (inclusas as convicções relativas às identidades culturais e à distribuição dos bens fundamentais) – e, ao mesmo tempo, inclui aquela dimensão intrinsecamente normativa que é a "cláusula anti-sacrifical", ou seja, uma *obriga-*

---
[50] S. Lukes, *Equality and Liberty*, obra citada, p. 62.
[51] *Ibidem*, p. 67.
[52] J. Elster, *Solomonic Judgments*, Cambridge Univ. Press, Cambridge (Mass.) 1990, p. 213.

ção de não discriminação, que requer "a eliminação de todas as desvantagens que atinjam os interesses essenciais e, para os quais, quem sofre não é responsável".[53]

Mas podemos compreender melhor a diversidade entre as respectivas posições de Rawls e de Walzer (e, com ele, dos *communitarians*), se as considerarmos, ambas, teorias internas ao paradigma social-democrata do *welfare State*. Deste último, Rawls enfatiza a dimensão normativa até o ponto de assumir, na escolha da sociedade justa um "véu de ignorância" totalmente "impenetrável" (Elster), enquanto Walzer ressalta a importância da sociedade civil como lugar de confronto e de conflito entre os significados sociais divergentes que os atores atribuem aos bens fundamentais.

3. O Direito Constitucional como "inserção em contexto"

Walzer considera que toda tentativa de definir o "bem-comum" e de fixar uma idéia unitária e meramente "procedural" da justiça distributiva está inevitavelmente condenada à derrota, pelo fato de que, no terreno da justiça distributiva, aqueles que Rawls chama de "julgamentos ponderados" fazem referência não à forma do procedimento, mas sim aos *bens sociais* que devem ser distribuídos, à natureza dos bens e das coisas que devem ser repartidas (direitos e deveres, ônus e benefícios, vantagens e desvantagens).

Existe uma multiplicidade de bens que a sociedade se encarrega de distribuir como o dinheiro, o bem-estar, a segurança, a instrução, a diversão, o poder político e, a essa pluralidade de bens, correspondem *esferas distintas de justiça distributiva*, cada uma das quais possui um

---

[53] J. Lukes, *Equality and Liberty*, obra citada, p. 67.

critério específico de distribuição que é válido somente para aquela esfera e não pode ser aplicado em outra. Por exemplo, as regras que supervisionam a cidadania (*membership*) – as modalidades de obtê-la e perdê-la, os direitos dos estrangeiros e dos exilados políticos, os direitos dos imigrantes e outros – não podem ser válidos para a esfera da segurança e da assistência pública (*welfare*), relativa aos critérios de satisfação das necessidades socialmente reconhecidas e que requerem o intervento "protetor" de instituições públicas. O que importa enfatizar, no raciocínio de Walzer, é a implausibilidade de recorrer a metacritérios de caráter metafísico ou substancialista e sobre o qual querer fundamentar a justificação dos princípios de distribuição (sejam eles o direito natural, contrato social, intuição, etc.).

Não é apresentada nenhuma justificativa última e definitiva dos parâmetros de distribuição. A decidir, em última instância, estão os "significados sociais" que os bens assumem aos olhos das pessoas interessadas. "Os critérios e as modalidades distributivas – afirma Walzer – não são intrínsecos ao bem em si, mas ao bem social. Se entendermos o que é e o que significa para aqueles para os quais é um bem, entenderemos como, por parte de quem e porque tenha que ser distribuído. Toda distribuição é justa ou injusta em relação aos significados sociais dos bens em questão".[54]

É como se Walzer fizesse recair uma espécie de navalha de Ockam sobre a ficção contratualista de Rawls, especialmente sobre a *fábula* do "véu de ignorância", no sentido de que ele considera enfeites metafísicos as argumentações elaboradas por Rawls, como provas "independentes" da verdade de sua teoria, para fazer derivar, ao contrário, os princípios de justiça da pré-compreensão do "senso de justiça" própria dos sujeitos interessados.

[54] M. Walzer, *Sfere di giustizia*, trad. italiana, Feltrinelli, Milano 1987, p. 20.

São suas avaliações e suas estimas que determinam como bens as coisas a serem repartidas: em uma palavra, são somente os nossos "julgamentos ponderados" (*considered convictions*) que estruturam os critérios e os sistemas distributivos (e, por conseqüência, a própria noção de "bem comum"). Walzer apresenta uma abordagem *antropológica* aos princípios de justiça, muito próxima da concepção wittgensteiniana dos jogos lingüísticos entendidos como formas de vida (*lebensformen*).

Esta abordagem histórico-antropológica abre a estrada a uma idéia *plural* de justiça, que impugna toda pretensão fundacional e monística de definir o que é justo e o que não é justo. "A justiça – escreve Walzer com acento wittegensteiniano – tem as suas raízes naquelas específicas concepções das posições sociais, das honras, dos trabalhos, e de todos os gêneros de coisas que constituem uma forma de vida compartilhada. Pisar nessas concepções (sempre) significa agir injustamente".[55]

Não é inútil relevar que Walzer utiliza a abordagem histórico-antropológica em um nível duplo: no plano sincrônico da pluralidade das culturas humanas – com a conseqüência de que o "senso de justiça" resulta sempre encaixado em uma trama historicamente determinada de práticas sociais e simbólicas, da qual é parte integrante, e isso faz com que "toda descrição substancialista da justiça distributiva seja uma *descrição local*"[56] –, e no plano diacrônico das nossas sociedades democráticas, que em sua complexa evolução conquistaram uma "arte da diferenciação" conexa a uma multiplicidade de esferas de justiça.

Mas, se no interior das sociedades fechadas e rigidamente hierarquizadas (como, por exemplo, o sistema de castas indianas) não se encontram, se não raramente,

---
[55] *Ibidem*, p. 314.
[56] *Ibidem*.

problemas relativos à aplicação dos princípios compartilhados de justiça distributiva, isto não acontece nas sociedades abertas e pluralísticas. Aqui, não só existe o risco de que os critérios reguladores de uma esfera invadam e se espalhem em uma outra (por exemplo, aplicando os parâmetros que delimitam a esfera das mercadorias e do dinheiro ao domínio dos negócios públicos e do poder político), mas não existe nenhuma possibilidade de se subtrair ao conflito das interpretações, com relação ao modo melhor de entender e praticar as nossas convicções compartilhadas, o nosso "senso de justiça".

Toda distribuição, portanto, está destinada a permanecer problemática, pelo fato de que, para defini-la, dispomos somente de um método "interpretativo" e não nomológico-dedutivo.[57]

O ajuste (*fitness*), invocado por Rawls, entre as liberdades de base e os valores-chave da proteção, da segurança, da solidariedade e de outros, parece, portanto, não poder ser decidido em linha puramente teórica, por ser ele o êxito do conflito interpretativo relativo às nossas convicções comuns, e em conseqüência o resultado – sempre instável – da crítica social e da luta política.

Mas até que ponto é adequada a explicação de tipo "contextualista" da justiça social, se assumirmos a globalização do homem e do mundo como horizonte que não se pode transcender do nosso tempo? De fato, o pressuposto do raciocínio de Walzer é que pertencer a uma comunidade local (uma Nação ou um Estado territorial) dá direito a defender a integridade das formas de vida compartilhadas, nas quais os participantes formam a própria identidade cultural e reproduzem a própria história. Como conseqüência, a "admissão e a exclusão constituem um núcleo da independência de uma comu-

---

[57] M. Walzer, *Interpretazione e critica sociale*, trad. italiana Edizioni Lavoro, Roma 1990, p. 41.

nidade e indicam o significado mais profundo da autodeterminação. Sem elas, não poderiam existir *comunidades de caráter próprio*, associações continuativas e historicamente estáveis, de homens e mulheres com um certo tipo de compromisso específico uns com os outros e com um sentido específico da sua vida coletiva".[58]

Nessa ótica, uma comunidade democrática precisa evitar dois extremos igualmente perigosos: por um lado, a "tirania local", ou seja, considerar os imigrantes e os estrangeiros (acolhidos no próprio território) como *metecos* (não-cidadãos), privados de qualquer direito político, e, por outro lado, a "destruição da comunidade", derivada da abertura indiscriminada aos fluxos migratórios. Deste modo, o direito de fechamento limitado dos confins e a inclusividade da cidadania (no seu interior) se combinariam em um equilíbrio feliz, mesmo que precário.

Portanto, a outra face da explicação "contextualista" é a seguinte: se a comunidade está dividida a ponto de resultar impossível a cidadania única, é então oportuno que o território também seja dividido para dar espaço a uma nova comunidade mais ou menos homogênea (sob o ponto de vista cultural ou etnocultural)? Todavia, é evidente que a solução de Walzer é muito problemática e, ousaria dizer, irrealista, por sua própria premissa parecer, hoje, implausível, ou seja, a teoria assumida de que a justiça social ou, como o autor escreve, a esperança de "ter a própria parte de todos os outros bens sociais (segurança, riqueza, honra, cargos e poder) que a vida em comunidade tornou possíveis",[59] têm sentido somente se pressupormos pertencer a uma comunidade específica.

A globalização do homem e do mundo não sugere, talvez, uma *comunidade universal* que compreenda em si

---

[58] M. Walzer, *Sfere di giustizia*, obra citada, p. 70.
[59] *Ibidem*, p. 71.

mesma todas as comunidades particulares e nas quais o conceito de cidadania e a demanda de participação à distribuição dos bens sociais – a começar pelo direito à sobrevivência – não podem mais estar subordinadas à "sorte moral" de pertencer a esta ou àquela comunidade local?

Sem dúvida, a argumentação de Walzer alude a um problema crucial, hoje em dia, para determinar a perspectiva de uma *globalização democrática*, ou seja: como conciliar os valores universalistas do "projeto moderno" (em primeiro lugar, a inclusividade da cidadania) com os sistemas simbólicos das comunidades locais (aquelas que ele chama de "famílias nacionais"), com os "jogos lingüísticos" transmitidos ao seu interior e com os âmbitos de significado convencionalizados (memórias dos povos, códigos de identificação coletiva, em uma palavra, as culturas)?

Na realidade, a reformulação dos valores universalistas em chave contextualista, proposta por Walzer – ou, como prefere dizer Ricoeur, a "colocação em contexto"[60] da instância de universalização – focaliza, realmente, o problema da democracia em uma fase histórica, como a nossa, na qual a "prescrição igualitária"[61] (querer ser reconhecidos como iguais), típica da política moderna, a partir da primeira Declaração dos Direitos do Homem, está se tornando patrimônio comum de todos os povos do planeta? Os direitos do homem – ressalta Ricoeur – são o produto daquela história única que M. Weber define "racionalismo ocidental", e a acusação de etnocentrismo com relação a estes valores universalistas é não somente infundada como também contraditória, pelo fato de que todos os governos do planeta o subscreveram em documentos oficiais comprometendo-se a respeitá-los.

---
[60] P. Ricoeur, *Sé come un altro*, obra citada, p. 333.
[61] A. Badiou, *L'être et l'Événement*, Ed. du Seuil, Paris 1988.

O que conta, então, segundo ele, não é – como muitas vezes acontece – embalsamá-los como fetiches cultuais, mas sim expor, ao confronto e à discussão crítica, o seu estatuto e a sua pretensão de universalidade "não em nível formal, mas no plano das convicções inseridas em formas de vida concretas", sendo que "dessa discussão nada poderá surgir, se cada participante não admitir que outros universais em potencial estão radicados nas culturas por eles consideradas exóticas".[62]

O ponto fraco desta proposta destinada a contextualizar o universalismo das sociedades ocidentais, está, antes de tudo, em pressupor, no confronto crítico entre as culturas, uma (inexistente) posição de *simetria* entre os participantes ao diálogo, que arrisca, no plano dos princípios, transformar-se em uma *fábula* e, no plano prático, em mero engano ideológico (ou, no melhor dos casos, em uma retórica das boas intenções). Como sabemos por L. Dumont, o encontro entre a civilização moderna e as culturas autóctones sempre provoca dinâmicas diferencialistas de "hibridação" entre os valores individualistas da ideologia moderna dominante e os elementos "holísticos" das culturas tradicionais, entre a configuração universalista da primeira e a estrutura particularista das segundas.

Portanto, a "colocação em contexto" dos valores universalistas, realizada pelas culturas autóctones, comporta, por parte destas últimas, a construção de um conjunto mais ou menos coerente de representações coletivas dirigidas a legitimar a adaptação às novas idéias e aos novos valores.

Trata-se de um contraditório movimento de "aculturação" – ou de reidentificação coletiva – na qual amadurecem impulsos à "intensificação" (*steigerunge*) de determinados elementos "holísticos" como a religião, a etnia, a nação, encarregados de preencher o vazio do

---

[62] P. Ricoeur, *Sé come un altro*, obra citada, p. 336.

desenraizamento, produzido por processos de modernização e que podem, antes ou depois, criar misturas ideológicas explosivas.

Existe, portanto, o risco permanente de que a "hibridação" entre o velho e o novo, mais que gerar novos universais culturais, favoreça o surgir de novos totalitarismos e de novos fundamentalismos. Eis por que a *abertura ao outro*, que a "colocação em contexto" dos valores universalistas ocidentais, por parte das culturas autóctones, torna-se deveras urgente. É algo mais do que um confronto intercultural, inspirado por uma ética dialógica, no qual os participantes sejam abstratamente chamados a testar as suas respectivas pretensões de validade. Ela exige uma *auto-obrigação unilateral*,[63] por parte dos povos e dos Estados "avantajados" do ocidente, tal que possa remover a ameaça do "bode expiatório" na distribuição planetária dos "bens fundamentais" e de modo a proteger os menos favorecidos.

4. O Direito Constitucional como "cidadania dos outros"

A disputa entre o universalismo procedural de Rawls e o contextualismo de Walzer e dos *communitarians* demonstra que a discussão sobre a idéia e as práticas da justiça não somente é repleta de dificuldades, mas, sobretudo, que está destinada, pela complexidade dos problemas, a permanecer sempre aberta.

Não podendo evocar, aqui, este debate ainda em andamento (de modo especial na área anglo-americana),[64] vale a pena, todavia, relevar que a catástrofe do

---

[63] Veja F. Cassano, *Approssimazione. Esercizi di esperienza dell'altro*, Il Mulino, Bologna 1989.

[64] Será suficiente relembrar aqui os nomes de M. Sandel, *Liberalism and the limits of justice*, Cambridge University Press, Cambridge (Mass.) 1982 e R. M. Unger, *Conoscenza e política*, trad. italiana Il Mulino, Bologna 1983. Sobre os *communitarians*, Dworkin e Walzer, veja M. Ciotola, *Teoria da Justiça:* a Crítica

totalitarismo comunista e das economias burocraticamente administradas, dá, digamos assim, razão a Rawls, pelo menos sobre um ponto de capital importância, que poderia ser expresso da seguinte forma: *a libertação da opressão econômica e social não pode considerar indiferentes ou equivalentes as formas políticas nas quais a mesma acontece*, se não quiser incorrer no êxito desastroso de transformar-se em uma nova escravidão.

A justiça social, independentemente de como se entenda a distribuição dos "bens fundamentais" (o *maximim* de Rawls ou as "esferas de justiça" de Walzer), não pode prescindir da justiça civil e política, da igualdade frente à lei e das garantias de um estado de direito. É verdade, então, como ressalta Walzer, que existe não uma, mas uma pluralidade e uma grande variedade de histórias da emancipação humana. E é igualmente indubitável que a experiência histórica do desmoronamento do *ancien regime* comunista confirmou, plenamente, a prioridade "lexical" do primeiro princípio de justiça da teoria de Rawls: nenhuma concepção do bem (incluídos os "bens qualitativos" de Taylor), nenhuma "criação moral particular" (como escreve Walzer), nenhum enriquecimento do vocabulário para descrever a sociedade justa poderia ser tutelada e promovida sem os procedimentos de um estado de direito. "Se considerarmos a justiça uma invenção social, realizada de várias formas, um outro produto da criatividade humana, – afirma Walzer – então a sua realização não parece muito diferente da prática extrínseca da autonomia e das ligações afetivas. Quais as razões para postularmos uma justiça singular e universal? Não seria como defender a plurali-

---

de Ronald Dworkin a Michael Walzer, in J. Ribas Vieira (org.), Temas de Direito Constitucional Norte-Americano, Ed. Forense, Rio de Janeiro 2002, p. 123 ss. Sobre a crítica de Walzer a Rawls, S. Felipe (org.), *Justiça como Eqüidade*, Insular, Florianópolis 1998.

dade dos dramaturgos e, ao mesmo tempo, querer que escrevam todos o mesmo drama?"[65]

Mas, se assumirmos, com Walzer, como ponto de partida, o "igual respeito para os sujeitos agentes (e que cada homem e mulher seja sujeito agente, a paridade de título)",[66] como faremos para defender, concretamente, uma idéia "reiterativa" de justiça – que valorize, portanto, as diferenças relativas às identidades culturais e morais –, se não dispomos de um instrumento como o direito de garantir – como observa Ferrajoli – a *"minimização do poder*, de outra forma absoluto: dos poderes privados que se manifestam no uso da força física, na exploração e nas infinitas formas de opressão familiar, de domínio econômico e de prevaricações interpessoais; dos poderes públicos que se manifestam nos arbítrios políticos e nas prevaricações policiais e administrativas?"[67]

Como poderíamos fazer para reconduzir a uma semelhança de família os vários estilos de justiça, a reconhecer aquelas que Walzer chama de *"ponto em comum diferenciados"*,[68] se não tivéssemos a possibilidade de medir os processos e as conquistas de libertação da opressão econômica e social, com base em práticas concretas que aumentam a autonomia e o "respeito" dos sujeitos agentes?

Para que a emancipação não se torne tragicamente irônica, transformando-se no seu exato contrário – como o exemplo que o leninismo nos ensinou –, é necessário manter a prioridade "lexical" do primeiro princípio de justiça de Rawls, porque somente esta prioridade poderá restituir aos esforços de descrever a sociedade justa – e aos projetos para alcançá-la – toda a riqueza inventiva

---

[65] M. Walzer, *Due specie di universalismo*, em "Micromega", 1, 1991, p. 138.
[66] *Ibidem*, p. 137.
[67] L. Ferrajoli, *Diritto e ragione*, Laterza, Roma-Bari 1989, p. 975. Tradução Livre.
[68] M. Walzer, *Due specie di universalismo*, obra citada, p. 140.

de novos vocabulários e de novas práticas com as quais demover "aqueles *micropoderes* e *macropoderes selvagens*, que – como observou Ferrajoli – são, na realidade, as formas de poder mais incontroladas e ilimitadas pelas quais podem ser prejudicados e arrastados os próprios poderes jurídicos e a inteira ordem do estado de direito".[69]

Por outro lado, o universalismo procedural de Rawls e o contextualismo de Walzer pressupõem, ambos, a experiência histórica da social-democracia ocidental, mesmo com seus limites e suas contradições. Sem esta experiência, dificilmente Rawls teria enunciado a "cláusula anti-sacrifical" do segundo princípio de justiça, nem Walzer poderia ter formulado a sua teoria da heterogeneidade dos "bens fundamentais" e do equilíbrio, sempre provisório, da sua distribuição.

Todavia, talvez, não seja um caso que, no momento em que a globalização do homem e do mundo se torna inevitável, o problema da *cidadania dos outros* e dos *direitos dos outros* – dos imigrantes que afluem nas metrópoles ocidentais, e, em geral, dos povos e indivíduos que reclamam o direito de ter direitos ou, ainda, das gerações futuras – então, o paradigma social-democrático manifesta toda sua insuficiência e, digamos assim, o seu "provincianismo".

O problema da "cidadania dos outros" exorbita do perímetro de cada Estado nacional e envolve o inteiro planeta. Na sua "ilimitadez",[70] ou seja, no alcance nada

---

[69] L. Ferrajoli, *Diritto e ragione*, obra citada, p. 976. Tradução Livre.

[70] L. Bonanate, *Etica e política internazionale*, Einaudi, Torino 1992, p. 187. "O alcance do julgamento do Estado (no seu esforço pra conhecer o mundo, ou para compreendê-lo) – escreve Bonanate – não pode ter como limite a si mesmo, como se além deste último não existisse outra coisa que um universo de indivíduos abandonados ao estado de natureza. O problema, então, não será aquele da justificação do socorro – e nem da sua concreta possibilidade – mas sim aquele da capacidade ilimitada do alcance moral dos princípios, ou melhor, do seu valor universal. O Estado poderá reconhecer como *outros de si* os outros Estados – e esta é uma das coisas. Mas, outra questão bem diferente é aquela relativa à integridade de um ser humano ao qual, inde-

local e territorial, o problema da cidadania sacode, desde as suas fundações, a cultura das sociedades democráticas. Dessa forma, o universalismo procedural de Rawls, o contextualismo de Walzer e dos *communitarians* parecem, por assim dizer, internos ao paradigma social-democrático, enquanto um problema como esse impõe a redefinição, em escala planetária, de conceitos como aquele de justiça ou de "bem-comum". E acrescenta-se, a própria teoria e a cultura da democracia deveriam, nesta perspectiva sem limites, ser desterritorializadas e radicalmente repensadas.

Aliás, foi Tocqueville que, primeiro, descobriu a tendência do *homo democraticus* a fechar-se em uma dimensão provinciana, na qual o espaço do mundo comum e da *proximidade* limita-se ao círculo da familiaridade e da *vizinhança*: próximo é somente o vizinho. Colocando em confronto as sociedades social-democráticas com aquelas aristocráticas, ele anotava: "Nos séculos democráticos..., nos quais os deveres de cada um para com a espécie são mais claros, a devoção com relação a um homem torna-se mais rara, e a ligação dos afetos afrouxa-se e solta-se. Entre os povos democráticos, novas famílias surgem continuamente do nada, outras recaem constantemente, e aquelas que permanecem mudam de cara; trama dos tempos, quebra-se a todo instante, e a marca deixada pelas gerações desaparece. Esquece-se facilmente daqueles que nos precederam, e não se tem nenhuma idéia sobre aqueles que virão. *Somente os mais próximos interessam*".[71]

Se lembrarmos que, na análise de Tocqueville, a "paixão pela igualdade" é a paixão dominante das sociedades democráticas (a ponto de sobejar a "paixão pela liberdade"), devemos derivar que a propensão a

---
pendentemente da bandeira, compete a mesma garantia que o Estado fornece aos seus residentes" (p. 187).
[71] A. De Tocqueville, *La democrazia in América*, em Id, *Scritti politici*, Vol. II, organizador N. Matteucci, Utet, Torino 1968, p. 590.

identificar o mundo comum com o círculo dos "mais próximos" reflete-se negativamente sobre a percepção, por parte de cada indivíduo dos seus "deveres... com relação à espécie". Se o outro ou o próximo são somente "os mais próximos", são *os direitos do outro ou do próximo* que são violados: seja os direitos (como diríamos hoje) das futuras gerações ou os direitos de cidadania de quem não pertence às sociedades democráticas, mas que faz parte, mesmo assim, do gênero humano. Assim – prossegue Tocqueville nesta página extraordinariamente lúcida em seu diagnóstico das sociedades democráticas – não somente a democracia faz esquecer ao homem os seus antepassados, mas esconde, também, os seus descendentes, separando-o dos seus contemporâneos e reconduzindo-o sempre para si mesmo, ameaçando-o, enfim, de fechá-lo na solidão do seu próprio coração".[72]

Acontece, assim, que o "culto do bem-estar", do qual falava Tocqueville, transforma-se em *"sciovinismo* do bem-estar" (usando a fórmula de Habermas): somente "os mais próximos" são considerados nossos semelhantes, enquanto aos outros – que não têm a sorte de ser cidadãos das sociedades democráticas economicamente desenvolvidas – não é reconhecido aquele requisito de igualdade que exatamente a democracia moderna sancionou como patrimônio universal dos direitos do homem.[73]

É fácil intuir que se as atuais sociedades democráticas tomarem a estrada da defesa do *"sciovinismo* do bem-estar", os Estados na cena internacional apresentar-se-ão nas vestes de "lobos artificiais" (Ferrajoli), inclinados a suspenderem as garantias jurídicas no plano interno e a recorrer à guerra no plano externo para tutelar os padrões materiais de vida ameaçados. A única alternativa razoável para esta não improvável evolução

---

[72] *Ibidem.*
[73] Veja W. Brandt, *Rapporto Brandt. Nord-Sud,* trad. italiana Mondandori, Milano 1980.

regressiva está na escolha corajosa de desenvolver o paradigma social-democrata além dos confins do *welfare State* das atuais sociedades democráticas ou, o que é a mesma coisa, começar uma profunda revisão crítica na perspectiva de uma teoria e de uma práxis da justiça e do "bem-comum" de alcance internacional.

5. O Direito Constitucional como "bem comum"

Nunca, como no tempo atual, tornou-se um não-senso acreditar que a definição do "bem comum" (ou do "bem público") possa acontecer no domínio de um único Estado, como se fosse "um objetivo monolítico que, mais ou menos, deve ser realizado por um único governo soberano".[74]

Fixar a construção do "bem comum" ou, com os termos de Rawls, perseguir aquela aventura de cooperação que é a "sociedade justa", no plano de um único Estado, implica acabar atolados naquela que Dahl chama de "antinomia rousseauniana",[75] ou seja, considerar – como Rousseau – que a "vontade geral", que é "a regra do justo e do injusto",[76] é válida somente para os membros daquele mesmo Estado, e não para os outros, sejam eles estrangeiros ou outros Estados. Assim, a regra de justiça – com as relativas instituições –, de universal para os "sócios" de um Estado, converte-se em

---

[74] R. A. Dahl, *La democrazia e i suoi critici*, trad. italiana Editori Riuniti, Roma, 1990, p. 448. Veja também, de Dahl *Poliarchia, partecipazione e opposizione nei sistemi politici*, trad. italiana Il Saggiatore, Milano 1988, e *Dilemmi della democrazia pluralista*, trad. italiana Il Saggiatore, Milano 1988.

[75] R. A. Dahl, *La democrazia e i suoi critici*, obra citada, p. 440.

[76] J. J. Rousseau, *Sulleconomia política*, em Id., *Scritti Politici*, organizador E. Garin, vol. I, Laterza, Bari, 1971, p. 281. "O corpo político – escreve Rousseau – é também um ser moral dotado de vontade; e esta vontade geral, que tende constantemente à conservação e ao bem-estar do tudo e de cada parte, esta vontade que é a fonte da lei, constitui a regra do justo e do injusto para todos os membros do Estado, em suas recíprocas relações e na relação com o próprio estado" (*ibidem*).

"vontade particular" para os não-cidadãos que vivem no território daquele mesmo Estado e para os "sócios" de todos os outros Estados, sendo que para eles – acrescenta Rousseau – ela resulta necessariamente "defeituosa".[77]

Dahl propõe uma solução intermediária do "bem comum", situada, portanto, no meio, entre os dois pólos opostos que são, por um lado, a pequena cidade-estado de Rousseau e, por outro, a sociedade mundial de Kant. Se a esfera rousseauniana da "vontade geral" dimensionada sobre uma pequena comunidade (inclusive presumivelmente homogênea) parece estreita e cegamente egoísta, como critério de definição do "bem comum", por outro lado, o universalismo kantiano, que identifica o âmbito do "bem comum" com a totalidade dos seres humanos, parece, à primeira vista, "totalmente irrealizável".[78]

São pouquíssimas – argumenta ele – as decisões políticas que "interessam efetivamente todos os seres humanos",[79] como, por exemplo, a decisão de desencadear uma guerra nuclear. Trata-se então, segundo Dahl, de contentar-se com uma solução "razoável" deste dilema, no sentido de que, avaliando a conformidade de uma decisão política ao "bem comum", não se pode fazer outra coisa que estabelecer "um limiar mínimo" composto por todos aqueles que são investidos de modo "significativo" por aquela decisão, e que, por conseqüência, exclui aqueles que não estão absolutamente interessados (ou são interessados de modo irrelevante).[80]

Mas, se conferirmos à cláusula "anti-sacrifical" do segundo princípio de Rawls um significado universalista (isto é, que transcenda os limites de um único Estado), então mesmo o critério de "razoabilidade" de Dahl

---

[77] *Ibidem*, p. 282.
[78] R. Dahl, *La democrazia e i suoi critici*, obra citada, p. 445.
[79] *Ibidem*.
[80] *Ibidem*.

parece implausível, a menos que não se pressuponha confiar às armas e à *Machtpolitik* a aplicação de decisões coletivas consideradas conformes ao "bem comum".

Sem dúvida, respondendo à pergunta "para individuar o bem comum, o bem *de quem* deveria ser tomado em consideração?" Dahl tem razão em ressaltar que a sua proposta de "limiar mínimo" "é muito complicada pela existência do pluralismo *no interior* dos países democráticos, *entre* os países democráticos e pela presença, fora de um país democrático, de pessoas que são gravemente afetadas por decisões tomadas ao interior do mesmo".[81]

Mas, até que ponto pode-se continuar – como faz Dahl e com ele a maioria dos politólogos – a concentrar a nossa atenção, abordando a democracia, sobre o "bem comum" de cada sociedade democrática ou sobre os dilemas *internos* ao funcionamento dos sistemas democráticos, sem interrogar-nos sobre o destino da democracia como forma de convivência política em nível planetário e sobre os efeitos – mesmo que ainda incoativos – que a mesma comporta? Todos concordarão com Dahl que uma das características fundamentais do processo democrático consiste naquele que ele chama "o Critério da Compreensão Iluminada", ou seja, que "todo cidadão deveria ter iguais e adequadas possibilidades de individuar e verificar a validade (nos tempos consentidos pela necessidade de chegar a uma decisão) da escolha sobre a questão a ser decidida que melhor satisfaça os interesses do cidadão",[82] o que implica que "o interesse ou o bem de uma pessoa é aquilo que ela escolheria na base da maior compreensão possível da experiência resultante desta escolha e das alternativas pertinentes".[83]

---
[81] *Ibidem*, p. 453.
[82] *Ibidem*, p. 467.
[83] *Ibidem*.

Como também, ninguém poderá negar, as enormes potencialidades democráticas que o desenvolvimento das telecomunicações tornou tecnicamente realizáveis, como:

"1) garantir que a informação sobre os programas políticos, apropriada seja no nível ou na forma, e conforme ao melhor conhecimento disponível, seja facilmente e universalmente acessível a todos os cidadãos; 2) criar oportunidades facilmente disponíveis e universalmente acessíveis a todos os cidadãos; 3) exercer uma influência sobre os assuntos para os quais esteja disponível a informação citada; 4) participar de modo pertinente nas discussões políticas".[84]

Mas este é um ponto de vista, digamos assim, ainda territorial do paradigma da democracia ou, melhor, uma abordagem que, elaborando um "critério de compreensão iluminada" do bem público, considere óbvio, sem nenhuma justificação, que possa perpetuar-se aquele "mecanismo vitimário" que, no plano das relações internacionais, liga as sociedades industriais e democráticas com os países em desenvolvimento e com aqueles do "terceiro" e do "quarto" mundos, e que condena estes últimos a um papel puramente "sacrifical".

Quando imensas massas humanas provenientes das periferias do mundo invadem as metrópoles da Europa Ocidental e quando povos deserdados reivindicam uma vida digna de ser vivida, então o critério do "limiar mínimo" de Dahl – que admite, com candor, que não é possível "considerar adequadamente os interesses dos estrangeiros"[85] – parece ainda subestimado com relação

---

[84] *Ibidem*, p. 512.
[85] No diálogo imaginário entre o "tradicionalista", o "modernista" e o "pluralista" (com o qual o autor parece identificar-se), Dahl faz este último dizer: "mesmo concluindo que nenhuma política, quase com certeza, nunca conseguirá levar adequadamente em conta os interesses dos estrangeiros, este defeito não é característico de uma democracia pluralista ou de um estado democrático. Pelo contrário, é um problema de todos os ordenamentos políticos, sejam eles democráticos ou não" (*ibidem*, p. 449). Dahl faz o seu "plu-

a duas instâncias, autenticamente epocais, que emergiram com prepotência neste fim de século. Elas podem ser indicadas, concisamente, assim:

1) Aplicar ao sistema internacional da interdependência da "economia-mundo" (usando a expressão de I. Wallerstein)[86] o princípio de diferença de Rawls, no sentido de que os menos favorecidos na distribuição internacional dos recursos devam ter uma prioridade "lexical", com relação a todos os outros *partners*. É evidente que a cláusula "anti-sacrifical" implica o respeito daquele direito humano inalienável que, para Kant de *Per la pace perpetua*, era o direito à "hospitalidade".[87]

---

ralista" dizer que "o bem público não é necessariamente um objetivo monolítico que pode ou deveria ser realizado por um único governo soberano. Apesar de que isto possa, às vezes, acontecer, talvez, seja mais provável que o 'público' consista de muitos públicos, cada um dos quais pode ter bens ou interesses ligeiramente diferentes. É exatamente isto que Rousseau temia; a sua antinomia era também o seu pesadelo. Mas, apesar de Rousseau, *em um ordenamento democrático com as dimensões de um inteiro país,* o pluralismo associativo, junto com uma forte descentralização das decisões em favor das autoridades locais, contribuiria para garantir que os interesses dos cidadãos que compõem os diferentes públicos recebam mais ou menos a mesma consideração. Neste sentido realizar-se-ia o bem público em uma democracia pluralista" (*ibidem*, p. 448-449).

[86] I. Wallerstein, *Il sistema mondiale delleconomia-mondo*, vol. 2, trad. italiana Il Mulino, Bologna 1978.

[87] I. Kant, *Per la pace perpetua. Progetto filosófico*, em Id., *Scritti politici e di filosofia della storia e del diritto*, organizadores N. Bobbio, L. Firpo e V. Mathieu. Utet, Torino 1965. Trata-se, do terceiro artigo definitivo para a paz perpétua, que Kant enuncia nos seguintes termos: "o direito cosmopolita deve ser limitado às condições de uma universal hospitalidade" (*ibidem*, p. 301). Kant esclarece que "aqui", como nos artigos anteriores, "não se trata de filantropia, mas de direito e, portanto, hospitalidade significa o direito de um estrangeiro, que chega no território de um outro Estado, de não ser tratado de modo hostil por este... Não se trata de um *direito de hospitalidade*, ao qual pode-se apelar (para tanto seria preciso um benevolente acordo particular, com o qual se acolhe por um determinado tempo um estranho em casa como co-habitante), mas de um *direito de visita*, que cabe a todos os homens, ou seja, de entrar e a fazer parte de uma sociedade em virtude do direito comum à posse da superfície da Terra, sobre a qual, sendo esférica, os homens não podem dispersar-se, isolando-se ao infinito, mas devem resignar-se a se encontrar e a co-existir" (*ibidem*, p. 301-302).

2) *Desterritorializar* a idéia de democracia significa, neste caso, fundamentar a salvaguarda efetiva dos direitos do homem não sobre o pertencer a uma Nação ou a um Estado, mas sobre o seu ser membro do gênero humano: para usar as palavras de Lévinas, sobre a nudez do seu rosto. Trata-se de um desafio sem precedentes ao qual, atualmente, o universalismo democrático é chamado a responder e cuja aposta consiste em transformar a universalidade dos direitos do homem na universalidade dos *direitos do outro homem*.[88]

3) Daqui nasce a necessidade de reconceitualizar a democracia como *nomos* da Terra, como *nomos* pré-originário, anterior a todos os *nomoi* existentes, e capaz de redefinir a semântica do conceito de liberdade incorporada na modernidade política e na história intelectual das nossas sociedades democráticas.

4) *Desterritorializar* a idéia de democracia comporta, de fato, uma nova concepção da liberdade, não mais entendida como determinação metafísica de um sujeito presente a si mesmo, como *cogito*, autoconsciência, conjunto de crenças e interesses, etc., o qual encontraria o seu reconhecimento de homem universal somente como função do ordenamento do Estado e de sua soberania.[89]

6. O Direito Constitucional como responsabilidade para com os outros

Se hoje estamos dispostos a admitir que a gramática dos direitos (e dos *direitos levados a sério*, como diria Dworkin)[90] cabe ao homem, como homem, na pluralidade ontológica da condição humana – e, portanto, antes

---

[88] A expressão é de E. Lévinas, *Hors sujet*, Fata Morgana, Paris 1987, cap. 3.
[89] Veja-se, em propósito, o ensaio de C. Galli, La *"macchina" della modernità. Metafísica e contingenza nel moderno pensiero político*, em AA. VV. *Logiche e crisi della modernità*, organizador C. Galli, Il Mulino, Bologna, 1991, p. 83-141.
[90] R. Dworkin, *I diritti presi sul serio*, trad. italiana Il Mulino, Bologna 1982.

ou além do seu pertencer a um "governo", a uma "etnia", a uma "sociedade", a uma "nação", a um "estado" – então a liberdade da qual estamos falando é sempre *em resposta* – resposta, diria Lévinas, ao apelo do outro – ou, o que significa a mesma coisa, uma *liberdade refém do outro*.[91]

Que é como dizer: a *responsabilidade para com os outros* é parte integrante da própria definição de liberdade, pelo fato de que não existe ação humana que não seja contemporaneamente um "responder" a si mesmos, aos outros e à lei.

Podemos, então, nos contentar com a distinção, tornada célebre pelas análises de I. Berlin, entre "liberdade positiva" e "liberdade negativa", dizendo, simplesmente, que a primeira concerne àquilo que uma pessoa – levado em conta o Estado das coisas nas quais se movimenta – pode fazer, enquanto a segunda é relativa à ausência de obstáculos, de constrições e de condicionamentos exercidos por outros, ou pelo governo, sobre a capacidade de agir e sobre as escolhas de uma pessoa?[92]

---

[91] Veja E. Lévinas, *Autremente quêtre ou au-delà de lessence*, Martinus Nijhoff, La Haye 1978. Foi J. Derrida que, em alguns dos seus escritos, começou a desenvolver as implicações "políticas" totalmente originais conexas a esta que poderíamos chamar de *anterioridade da responsabilidade em relação à liberdade*. "A responsabilidade – escreve ele – que a nossa liberdade nos confere sem, digamos assim, deixá-la conosco, nos chega do outro. Ela nos é entregue pelo outro, a partir do outro, mesmo antes que qualquer esperança de re-apropriação nos permita assumir esta responsabilidade no espaço daquilo que poderíamos chamar de *autonomia*. Esta experiência é, também, aquela na qual o outro aparece como ele é, ou seja, aparece sem aparecer. Aquilo que vem antes da autonomia deve também excedê-la, ou seja, sucedê-la, sobreviver-lhe e transbordá-la infinitamente. Geralmente, quando se trata de lei (*nomos*), acredita-se de poder simplesmente opor autonomia e heteronomia. Talvez precisaria deformar esta lógica opositiva e preparar, a partir de bem longe, a sua tradução 'política' ". (J. Derida, *Politiche dell'Amicizia*, trad. italiana em "Aut Aut", 242, 1991, p. 3). Sobre Derida e o "altruísmo constitucional", veja M. Rosenfeld, *Interpretazioni*, trad. italiana Il Mulino, Bologna, 2002.

[92] I. Berlin, *Quattro saggi sulla liberta*, trad. italiana Feltrinelli, Milano 1989. Veja-se em propósito D. Martínez Zorrilla, *El Pluralismo de Iasaiah Berlin frente al relativismo y la inconmensurabilidad*, em "Revista de Estudios Políticos", 109, 2000, p. 173 ss.

É lícito, como faz Berlin, desacreditar o conceito de "liberdade positiva", pois ele, na resposta à pergunta "o quê, ou quem é a fonte do controle e da ingerência que pode induzir alguém a fazer, ou a ser, isto ao invés daquilo?"[93] Conduz, inevitavelmente, "de uma doutrina ética da responsabilidade e do auto-aperfeiçoamento individual a um Estado autoritário submisso às diretivas de uma *elite* de guardiões platônicos?".[94]

A "liberdade positiva" está estruturalmente comprometida com a metafísica racionalista do Bem (que é Um e, portanto, deve ser imposto aos outros, a qualquer custo, mesmo com a violência) ou precisa dizer que ela resulta não menos importante da "liberdade negativa" para avaliar se, e em que medida, em um contexto social determinado, uma pessoa está livre de escolher um modo de vida que lhe seja congenial? O próprio exercício das "liberdades negativas" (liberdade de consciência, de palavra, de opinião, de propriedade, etc.) não está vinculado à "liberdade positiva" elementar de viver e sobreviver?

Como A. Sen esforçou-se, várias vezes, para demonstrar, existem situações de *privação da liberdade* que não são absolutamente imputáveis à interferência direta de outros nos planos de vida das pessoas: é suficiente pensar aos casos exemplares de fome e miséria que afligem inteiras populações do planeta.[95] Aqui estamos diante de indivíduos e povos despojados do direito de ter direitos, ou seja, privados de qualquer capacidade de agir, reduzidos completamente à impotência em relação às reais possibilidades de ação, e com os quais nem a sociedade (na qual vivem), nem o Estado (do qual

---

[93] *Ibidem*, p. 199.
[94] *Ibidem*, p. 217.
[95] Sen contribuiu para definir, de uma nova forma, conceitos como "qualidade de vida" e "nível de pobreza". Veja *Levels of poverty*, Word Bank, Washington 1980, e *The Standard of Living*, em AA. VV., *The Standard of Living*, editado por G. Hawthorn, Cambridge University Press, Cambridge (Mass.) 1987.

dependem), nem o sistema internacional assumem a "responsabilidade" de garantir aquela "liberdade positiva" fundamental que é a capacidade de sobreviver, condição básica para que eles sejam protegidos da interferência e do arbítrio de outrem.

Quem garantirá, então, *o direito de não morrer de fome?* Sen argumenta – e toda a sua reflexão sobre a ética e a economia é consagrada a este problema – que existe um direito *moral* daqueles que, aos milhões, no mundo sofrem de inanição e miséria por fome, de ver satisfeito esse direito básico que concerne, poderíamos dizer, à "liberdade positiva" de estar-no-mundo. Mas, se o faminto tem o direito "moral" à refeição, quem tem a *obrigação* de fornecer essa refeição ou os "meios" para obtê-la?

A propósito, Sen, baseando-se na doutrina de Dworkin, introduz o conceito de *metadireitos*. Por exemplo, em situações nas quais fome e miséria não são elimináveis em um tempo breve, existe, todavia, um metadireito de não morrer de fome que, se não justifica a pretensão imediata de obter uma refeição, prescreve ao governo e ao Estado a obrigação de perseguir políticas que tornem concretamente realizável esta pretensão.

Sob este perfil, o metadireito não é um direito a X, mas sim o direito a medidas políticas (*policies*) aptas a alcançar X: na linguagem de Sen, um direito a (p) X. "Para muitos países onde a pobreza e a miséria são difundidas – escreve Sen – pode não existir nenhum modo de garantir a todos, em um futuro próximo, a liberdade de uma e da outra, mas podem intervir medidas políticas que poderiam, rapidamente, conduzir à realização de uma tal liberdade. O metadireito à liberdade da fome é o direito a medidas políticas do gênero, mas o que este direito pressupõe é, em última instância, o objetivo de alcançar tal liberdade".[96]

---

[96] A. Sen, *The right not to be hungry*, em AA. VV., *Contemporary Philosophy. A new Survey*, Mertinus Nijoff Publishers, The Hague, Boston, London 1981, p. 346.

Sem entrar nos detalhes do raciocínio de Sen, o que, nesta sede, é importante ressaltar o nexo orgânico, por ele evidenciado, entre a "liberdade positiva" de ser e agir e a natureza das instituições políticas. Em outras palavras, acontece uma correlação direta entre a tutela mínima da capacidade de agir e as instituições democráticas: se existir uma imprensa livre, eleições periódicas, a presença ativa de partidos de oposição, etc., é muito difícil que o governo não seja pressionado a adotar medidas preventivas para esconjurar a fome e as carestias.

O exemplo da Índia é, para Sen, instrutivo. A última grande fome foi aquela acontecida em Bengala, em 1943, na qual morreram quase três milhões de pessoas. Após a Independência (1947), os governos foram, bem ou mal, obrigados a tomar medidas preventivas todas as vezes em que se apresentou uma situação potencial de fome generalizada, enquanto na China, entre 1958 e 1961, a espantosa morte por fome atingiu entre 23 e 30 milhões de pessoas por causa de políticas governativas tornadas ainda mais "desastrosas" pela natureza não-democrática do sistema político em vigor.

A conclusão de Sen não deixa espaço para dúvidas. "Aqui se torna evidente – escreve ele – que existe um nexo causal entre um conjunto definido de liberdades – a liberdade de criticar, de publicar, de votar – e outros tipos de liberdade, como a liberdade de não ser vítima da fome e de não morrer de fome. As liberdades negativas das quais são dotados os jornais e os partidos de oposição (liberdade de criticar, de publicar, de fazer campanhas) revelam-se eficazes para salvaguardar as liberdades positivas elementares da população vulnerável".[97]

Portanto, os casos de fome e de miséria extrema no mundo dependem não tanto da falta e da escassez de

---

[97] A. Sen, *La liberte individuelle: une resposabilité sociale*, em "Esprit", Março-Abril, 1991, p. 13.

bens e abastecimentos (*provisions*), quanto do fato de os sujeitos interessados estarem privados de *entitlements*, ou seja, pelo fato de não ter direito, no sistema institucional e legal sob o qual vivem, a meios adequados de sobrevivência e, portanto, a concretas possibilidades de escolher um modo de vida em vez de outro.[98]

Não interessam aqui, em detalhes, as objeções que Sen dirige à concepção procedural da justiça de Rawls, porque ambos, no fundo, compartilham a mesma intenção, de inspiração antiutilitarista, de conjugar, contemporaneamente, a tutela dos direitos individuais com a justiça social, ou melhor, com as "responsabilidades" que uma organização social deve absolver para garantir, através de um acesso igual aos meios adequados para viver, as capacidades reais e os planos de vida dos indivíduos.

---

[98] "A liberdade de conduzir diferentes tipos de vida – explica Sen – corresponde exatamente ao conjunto formado por diferentes tipos de combinações e de funcionamentos humanos (*functionings*), conjunto no qual uma pessoa tem capacidade de escolher a própria vida. É aquela que podemos chamar de "*capability*" da pessoa. A "*capability*" de uma pessoa depende de numerosos elementos que incluem tanto as características pessoais quanto a organização social. A responsabilidade da sociedade com relação à liberdade individual impõe que seja atribuída a necessária importância ao aumento das "*capabilities*" das quais realmente dispõem pessoas diferentes. Claro, se quisermos dar conta plenamente da liberdade individual, precisa-se ir além das "*capabilities*" ligadas às condições de vida pessoal e prestar atenção aos outros objetivos que a pessoa dá a si mesma (por exemplo, os objetivos sociais que não têm uma relação direta com a sua vida pessoal), mas o fato de aumentar as "*capabilities*" humanas deve exercer um papel essencial na promoção da liberdade individual" (*ibidem*, pp.18-19, a tradução é nossa). A capacidade de uma pessoa em escolher a própria vida vai, então, além da concepção da "autonomia" do indivíduo, proposta recentemente por Dworkin, que coloca entre parênteses o papel decisivo da "organização social" na promoção da liberdade individual, identificando-a simplesmente com a "capacidade (de segunda ordem) das pessoas de refletir criticamente sobre seus próprios desejos, preferências, vontades, etc., de primeira ordem, ou seja, a capacidade de aceitar ou procurar modificar estes comportamentos à luz das preferências e dos valores de ordem mais alta. Exercendo esta capacidade, os indivíduos definem a própria índole, conferem significado e coerência à própria vida e assumem a responsabilidade para o tipo de pessoas que elas são". (R. Dworkin, *The Theory and Practise of Autonomy*, Cambridge University Press, Cambridge (Mass) 1989 p. 20).

Por exemplo, Sen critica a idéia rawlsiana de uma distribuição igualitária dos "bens fundamentais" (riqueza, renda, auto-estima, liberdade de base, etc.) – ou seja, a formulação do princípio de diferença –, por serem os "bens fundamentais" somente "meios de liberdade", totalmente inadequados para avaliar a efetiva liberdade que um indivíduo tem à disposição, liberdade que está mais relacionada com as possibilidades de transformar os "bens fundamentais" em liberdades reais de conduzir um particular modo de vida desejado (aquilo que Sen chama de *"capabilities"*).[99]

O exemplo mais esclarecedor desse autor, a propósito, concerne à diferença entre os sexos: o fato de que uma mulher possua o acesso aos mesmos "bens fundamentais" – isto é, tenha os mesmos "meios de liberdade" –, não significa que goze da mesma liberdade do homem ou tenha as mesmas possibilidades de converter aqueles "bens" nos planos de vida que gostaria de escolher. De qualquer forma, o que importa relevar aqui é que, seja para Rawls ou para Sen, o direito aos meios de base para viver não são nem pretensões welfaristas (meros pedidos de bem-estar material), nem pretensões utilitaristas (que concernem à felicidade do maior número mensurável em termos psicológicos de prazer), mas *direitos fundamentais de liberdade*.

Estes direitos detêm um estatuto universalista, ou seja, não podem ser considerados *context-dependent*, isto é, não são avaliáveis na base dos contextos "tribais" (nos termos de Walzer) nos quais aos indivíduos é dado em sorte viver, sendo que, para o camponês do Bangladesh estar livre da fome e da miséria teria um significado diferente – pela diversidade de crenças e percepções subjetivas – daquele que teria para um camponês italiano, alemão ou americano.

---

[99] Sobre a noção de *"capabilities"*, veja A. Sen, *The Standard of Living: Lecture II, Lives and Capabilities*, em Id., *The Standard of Living*, obra citada, p. 20-38. Veja também Id., *Resources, Values and Development*, Harvard University Press, Cambridge (Mass.) 1984.

Trata-se de direitos universais que competem ao homem no seu ser-nada-mais-que-homem, e para cujo exercício tornam-se necessários ordenamentos institucionais e legais adequados (seja em termos de "liberdade positiva" que de "liberdades negativas"). Isto significa que a extensão, em escala mundial, da cláusula anti-sacrifical, contida no "princípio de diferença" de Rawls, não é somente uma questão simplesmente econômica ou de transferência de recursos para colocar um fim àquilo que os teóricos marxistas do neo-imperialismo chamaram de "troca desigual".[100]

Ainda mais que o Estado-Nação, há tempos, não pode mais ser considerado o centro de gravidade do crescimento econômico e do desenvolvimento capitalista. Os teóricos do neo-imperialismo não se aperceberam que a globalização da economia (multinacionais, empresas transnacionais, reorganização *post-fordista* dos processos de trabalho e da produção, etc.) marcou, irremediavelmente, o *fim da época do desenvolvimento centrado no Estado-Nação*, quando se considerava possível – sobretudo nos países do terceiro mundo – conseguir a independência política e cultural através da promoção de um mercado interno livre do domínio do capital estrangeiro (o que era uma forma de nacionalismo econômico).

Portanto, o declínio progressivo do Estado-Nação como figura central da economia-mundo significou a *desterritorialização da economia* (do desenvolvimento e da divisão do trabalho), ou seja, o desaparecimento do espaço geográfico – e, ainda antes, cultural e político – do Estado como mecanismo fundamental ou "motor" da "máquina" do desenvolvimento.[101]

---
[100] Veja S. Amin, *Lo sviluppo ineguale. Saggio sulle formazioni sociali del capitalismo periferico*, trad. italiana Einaudi, Torino 1977.
[101] Veja, a propósito, S. Latouche, *Loccidentalisation du monde. Essai sur la signification, la portée et lês limites de luniformisation planétaire*, La Découverte, Paris 1989, cap. 4.

7. Por um Direito Constitucional "Altruísta"

Como conseqüência, o "mecanismo vitimário" que exclui povos e indivíduos do planeta do acesso aos "bens fundamentais" é um problema relacionado com os direitos fundamentais de liberdade[102] e que, no horizonte da "globalização" do homem e do mundo, não pode ser delegado à soberania de cada Estado Nacional, mas à inteira comunidade internacional.

Já iniciamos a experimentar o que significa viver na interdependência com outros povos (migrações, explosão demográfica, refugiados, etc.) e o que significa a "globalização" do homem e do mundo.[103]

É um estado de ânimo que podemos descrever com as palavras de Bruckner: "incapazes de evadir de um planeta cheio como um ovo e obrigados a viver ao lado de vizinhos que não escolhemos, nos sentimos como passageiros entulhados em um meio de transporte superlotado, temendo que a chegada de novos passageiros tome nosso espaço vital".[104] Sob este perfil, a redefinição da liberdade como responsabilidade-para-com-os-outros coloca em questão um conceito de liberdade individual que, colocando-se como lugar de intersecção entre "liberdade positiva" (a capacidade de ser e de agir) e "liberdades negativas", universaliza o direito de ter direitos para todo o gênero humano.[105]

Daí a urgência de pensar a democracia como novo princípio político destinado a garantir a "dignidade" humana no pluralismo e no "moral disagreement".[106]

---

[102] P. Häberle, *Diritto e verità*, trad. italiana Einaudi, Torino 2000.

[103] G. Teubner, *Diritto policontesturale: prospettive giuridiche della pluralizzazione dei mondi sociali*, trad.italiana La Città del Sole, Napoli 1999.

[104] P. Bruckner, *Il male oscuro delle democrazie*, em "Lettera internazionale", 29, 1991, p. 13.

[105] A. Caillé, *Il terzo paradigma. Antropologia filosofica del dono*, trad. italiana Bollati Boringhieri, Torino 1998.

[106] P. Grossi, *Globalizzazione e pluralismo giuridico*, em "Quaderni Fiorentini", 29, 2000, p. 555 ss.

E daí a urgência de um Direito Constitucional "altruísta"[107] como novo *nomos* da Terra, capaz de contestar o princípio da soberania e os interesses da razão de Estado como fundamento exclusivo da legitimidade política e da liberdade.

---

[107] E não simples e retoricamente "fraternal" (na expressão de Carlos Ayres Britto, *Teoria da Constituição*, Ed. Forense, Rio de Janeiro 2003, p. 207).

Parte II

Força transformadora e contingência do processo decisório no Direito Constitucional Ocidental

1. Direito "Altruísta" e o problema do tempo

Pode um Direito Constitucional "altruísta" desvincular-se de uma concepção de tempo, a qual não conserva mais nenhuma característica fundante no movimento da modernidade projectante,[108] e tentar conformar-se ao paradoxo da temporalidade "inquieta" do inteiro sistema jurídico?[109]

Todo o direito constitucional, e não somente, foi tratado em relação a este paradoxo: o direito natural foi pensado como resultado da diferença entre eternidade e temporalidade; a legitimação do poder se reconhecia na duração; o Estado, como realidade da idéia ética, descrevia uma modalidade absoluta de ligar o tempo à manifestação da idéia.

---

[108] Sobre a matriz destas instâncias, P. Saladin, *Verfassungsreform und erfassungsverständnis*, em "Archiv des öffentlichen Rechts", 1979, p. 384 ss., e na Italia R. Orestano, *Norma statuita e norma statuente. Contributo alla semantica di una metafora*, agora em *Edificazioni del giuridico*, Il Mulino, Bologna 1989, p. 38 ss.
[109] Segundo a recente expressão de J.I. Martinez Garcìa, *La Constitución, fundamento inquieto del Derecho*, em "Revista Española de Derecho Constitucional", 55, 1999, p. 185 ss.

Mas ainda hoje, a conjugação paradoxal permanece nas idéias do Direito Constitucional. Pensa-se que as construções de um progressivo "Direito Constitucional Internacional", cujo interior aos condicionamentos produzidos pelos eventos, contrapõem-se os direitos humanos, ligados à indiferença em relação ao tempo e à contextual aquisição de um valor axiológico, refletido sobre o plano das instituições, emancipada da tutela da filosofia da história.[110] Se considerarmos também todo o debate sobre garantias constitucionais como simbolização da *auto-imunização* da política[111] e sobre interpretação constitucional como diálogo intersubjetivo ou análise lógica da linguagem. A normatividade da constituição e do seu direito se auto-representa como "contrafactual": essa resiste ao tempo, porque através do controle do presente controla o futuro.[112]

Esta estabilidade projetada para o futuro é paradoxal, na medida em que se legitima negando a contingência da decisão, das suas premissas e do seu tempo. Por esta razão, a força das teorias constitucionais por muito tempo tentou se justificar na plausibilidade de pressupostos e referências externas e estranhas ao tempo, para fixar o objeto e tratar a diversidade do modelo teórico como crise, como crítica ou, no melhor dos casos, como transformação *da* e não transformação *de* qualquer coisa.[113]

---

[110] F. Schauer, *Judicial Self-Understanding and the Internationalization of Constituional Rules*, em "University Colorado Law Review", 61, 1990, p. 749 ss.
[111] J.A. Leite Sampaio, *A Constituição Reinventada pela Jurisdição Constitucional*, Del Rey, Belo Horizonte 2002, p. 62.
[112] N. Luhmann, *La costituzione come acquisizione evolutiva*, tr.italiana em G. Zagrebelsky e outros, *Il futuro della Costituzione*, Einaudi, Torino 1996.
[113] Expressivo da problemática de uma similar *"abordagem"* é, na Itália, o estudo de A. Ruggeri, *Note sparse per uno studio sulle transizioni di rilievo costituzionale*, em "Rassegna Parlamentare", 1, 2000, pp.35 ss., no qual se insiste sobre os limites analíticos de um afastamento temporal dos fenômenos transformativos, e, no Brasil, o debate sobre a "constituição dirigente e a crise da Teoria da Constituição" (G. Becovici, *A Constituição dirigente e a crise da Teoria da Constituição*, em *Teoria da Constituição*, obra citada, p. 75 ss.).

2. A transformação constitucional como ato de disposição

Foi a Alemanha da Constituição de 1871 que ofereceu um privilegiado laboratório de observação sobre a relatividade temporal dos significados de transformação constitucional.

A realidade alemã exprimia contingências em qualquer medida inéditas no panorama constitucional moderno: implantou-se como estrutura federal, para depois evoluir como forma de governo parlamentar. Todavia, enquanto a unidade federal se legitimava na recuperação de um passado vivido todo no presente como sua necessidade, como *Kultur*,[114] a evolução parlamentar desvelava, como intui Schmitt,[115] qualquer condição histórico-espiritual imutável e constante, abrindo as portas, também sobre esta frente, ao dilema alemão da *Zivilisation*.

O conceito de transformação constitucional foi elaborado na dupla referência à perpetuação de um passado-presente, como atualidade de premissas passadas, e ao registro da contingência de um *futuro próximo* constante, como novas premissas referidas ao futuro. Tanto é que a doutrina alemã conjugou dois termos explicativos diversos, *Verfassungswandlung e Ungeschriebenes Verfassungsrecht:*[116]

---

[114] No específico significado da relação entre práxis e aquilo que a cultura considera como a sua essência, para qual "os fatos são interpretáveis e organizáveis em um sistema conceitual, mas apenas porque aqueles fatos são já, dentro desta ótica, conceitos, categorias abstratas, valores, e portanto se consideram por si e se auto-organizam" (A. Asor Rosa, *Thomas Mann o dell'ambiguità borghese*, Bari, De Donato 1971, p. 105). Como se pode notar, a antítese radical entre *Kultur* e *Zivilisation* encontra na obra de Norbert Elias a sua definição mais ampla como processo de temporalização, separação e não coenvolvimento dos observadores da realidade.

[115] C. Schmitt, *Die geistessgeschichtliche Lage des heutigen Parlamentarismus* (1923), Duncker & Humblot, Berlin 1994.

[116] A primeira expressão foi elaborada por P. Laband, G. Jellinek, Hsü Dau Lin, a segunda especificamente por R. Smend. Para ulteriores informações, M. Carducci, *Comparazione nei mutamenti istituzionali*, Pensa, Lecce 1999, p. 91 ss., também A.V. Sanchez Urrutia, *Mutación Constitucional y Fuerza Normativa de la Constitución. Aproximación al origen del concepto*, em "Revista Española de Derecho Constitucional", 58, 1999, p. 105 ss.

literalmente *transformação constitucional* e *direito constitucional não escrito* (atenção: não *Constituição não escrita*[117]). A distinção que acompanhou toda a parábola do constitucionalismo alemão até as contaminações de política e direito do *Tatrecht* nazista,[118] delimitava campos operacionais bem diversos: a transformação constitucional é realidade *presente-futura*, o direito constitucional não escrito é ciência de um direito já produzido sobre a realidade. A primeira é o *futuro próximo*, enquanto que o segundo é o *passado presente* a perpetuar na sua necessidade.

Diante desta diversificação, portadora de toda uma série de conseqüências muito relevantes na compreensão do mundo alemão,[119] a linguagem jurídica italiana aparece bem mais pobre, na medida em que a expressão "transformação constitucional" se presta a uma utilização múltipla, não distinta dos seus conotativos de referência.[120]

---

[117] A expressão, portanto, é reconduzível apenas aproximativamente ao anglo-saxão *Unwritten Constitution*, ainda manifestando também essa a presunção de uma vigência.

[118] Cfr. F.W. Jerusalem, *Der Staat*, Jus, Jena 1935, p. 256 ss. É de se comentar que o *Tatrecht* nazista desconhecia a idéia filoparlamentar da *Verfassungswandlung*, evolutivamente contígua àquele *Gemeinschaftsrecht*, sorrateiramente substituído, como se pode notar, por um bem mais evasivo *Gemeingeistrecht*.

[119] A exemplo, em ordem à recôndita recusa da doutrina da "political question" americana ou do formalístico "acte de gouvernement" francês. Em mérito, entre outros, o próprio R. Smend, *Les Actes de gouvernement en Allemagne*, em "Annuaire de l'Institute Internationale de Droit Public", II, 1931, p. 220 ss.

[120] Em tal perspectiva, se compreendem as exigências de pontualizações léxicas de Silvano Tosi, na teoria italiana, em seu estudo *Modificazioni tacite della Costituzione attraverso il diritto parlamentare*, Giuffrè, Milano 1959, p. 3 ss. Mas se ponha atenção às conotações argumentativas, implicitamente regressas a idéias pré-constituídas da transformação constitucional expressas nas em torno da "interpretação por valores": "Aquilo que deveria, para o juiz constitucional, ser atividade voltada ao controle do respeito de normas-princípio (enquanto tais heterônomas), poderiam se tornar elaboração e posição implícita de entidades paramétricas autônomas, com consequências inquietantes por quanto revê a manutenção real do modelo informado à separação dos poderes" (F. Rimoli, *Costituzione rigida, potere di revisione costituzionale, interpretazione per valori*, em "Giurisprudenza Costituzionale", 1992, p. 3777).

Acenou-se às peculiaridades institucionais do laboratório alemão: unidade federativa e dinâmica parlamentar.[121] Com efeito, o sistema previsto pela Constituição de 1871 não contemplava por certo um modelo parlamentar explícito; constituía sobretudo uma forma embrionária de "chancelaria" monárquica constitucional, evoluída de fato ao parlamentarismo, seguida da aquisição de papéis inéditos por parte da representação política, não previstos na Constituição nem impostos em via heteronômica e heteroreferencial.

Sob o plano da forma de Estado, ao contrário, o texto de 1871 conjugava uma estrutura federal indisponível, porque vinculada à condição de reciprocidade dos sujeitos do pacto federativo (os Estados) e identificada por uma unidade factual pressuposta, enquanto heteronomicamente diferenciada em seu interior, ou seja, os sujeitos assumiam substância porque preventivamente identificados pelas decisões contidas nas disposições constitucionais.[122] Conseqüentemente, a condição de existência de qualquer sujeito vivia na especularidade (reflexão) da existência dos outros, segundo a unidade positivamente preestabelecida. Tanto é que qualquer anomalia, como o conflito entre os sujeitos, devia ser reconduzida à reafirmação, heterorreferencial, pela parte, a saber de uma instância terceira, da heteronomizante unidade postulada.

Portanto, *Verfassungswandlung* significava transformação auto-referencial parlamentar, sujeito que produz por si o objeto, enquanto *Ungeschriebenes Verfassungsrecht* desvelava um processo cognitivo de diferenciação e identificação de sujeitos já "tornados visíveis" pela norma constitucional "posta".[123]

---

[121] Sobre tal peculiaridade, veja S. Ortino, *Diritto Costituzionale Comparato*, Il Mulino, Bologna 1994, p. 442 ss.

[122] Reenvio, para importantes informações sobre a Europa, a R. Bifulco, *La cooperazione nello Stato unitario composto*, Cedam, Padova 1995, p. 40 ss.

[123] É apenas o caso de constatar que a descrita diferenciação desenvolvia um aspecto da mais complexa relação entre decisionismo e validade (*Wertfreiheit*),

Em outros termos, o "direito constitucional não escrito" correspondia a uma elaboração intelectual direcionada não a si, mas aos outros, e por isso heterorreferencial. Não identificava uma mera efetividade que se dispõe a definir por si aquilo que é ou não é direito. Em síntese, realizava aquilo que geralmente se define como uma "observação de segundo grau", em relação a uma realidade que se *auto-observa* na especulação de seus componentes.[124]

Por esta razão, entre outras, o conceito de "direito constitucional não escrito" foi utilizado com referência à interpretação da dinâmica constitucional alemã, por parte do juiz constitucional, "observador de segundo grau" das relações entre sujeitos da forma Estado. Também esse é direito "positivo", como o direito escrito, mas exatamente porque legitimado a dar direito a um direito "já posto", enquanto escrito. Direito imanente, foi dito com referência a alguns êxitos explicativos da *Ungeschriebenes Verfassungsrecht*.[125]

Já a *Verfassungswandlung* se refugiou nos gânglios do "não direito", como realidade "verdadeira" na qual se abria o direito positivo inexoravelmente contingente,[126] para dispor de si sobre *se* e sobre como produzir um direito não ainda posto,[127] aquele *Nicht noch Sein*,[128] sobre o qual ainda uma vez o léxico constitucional italiano parece se exprimir com a inevitável redundância

---

weberianamente entendido como divisão constitutiva-cronológica entre ação, descrição e valorização.

[124] E. Esposito, *L'operazione di osservazione*, Il Mulino, Bologna, 1992.

[125] Refere-se a *Bundestreue* (cfr. R. Bifulco, *La cooperazione*, obra citada, p. 42) e a *Versteinerungstheorie* (cfr. R. Bin, *Diritti e argomenti*, Giuffrè, Milano 1992, p. 22).

[126] Como muito eficazmente instruiu P. Lucas Verdù, interpretando a obra de G. Jellinek, em *La Constitución abierta y sus "enemigos"*, Alianza, Madrid 1993, p. 60 ss.

[127] Com implicações inevitavelmente autoreferenciais, como demonstrou a construção de J. Hatschek sobre regras convencionais: *Konventionalregeln*, em "Jahrbuch des öffentlichen Rechts der Gegenwart", III, 1909, p. 67 ss.

[128] N.T: *Não ser ainda*.

do termo *regularidade e regras*,[129] para o qual a regularidade consistiria em "práticas sociais repetitivas, constatáveis com base na verificação dos fatos" e as regras em "pretensões ou expectativas em direção ao futuro". Trata-se de uma distinção que evoca a conhecida contraposição entre força normalizante da normatividade (direito) e força normativa da normalidade (fato), já impressa por H. Heller,[130] cujas críticas[131] apontavam ao aprofundamento da incomunicável cisão entre regras e existência. Mas, em nossa opinião, trata-se de uma distinção excessivamente formalística, na medida em que não consegue evidenciar a circunstância, implícita, ao contrário, na tematização da *Verfassungswandlung*, da temporalização dos fundamentos do direito positivo diante de uma realidade que, enquanto não preconstitutivamente fundada, é só aquilo que se apresenta, independentemente de qualquer verificação.[132]

Com efeito, a *Wandlung* é modificadora do mesmo objeto da observação (a *Verfassung* não o *Verfassungsrecht*), enquanto os dispõe diretamente. Por isso, a *Verfassungswandlung*, concluirá Jellinek, revela um *Dispositives Recht*.[133] É opção que acaba com o substituir-se transformando-as em decisões positivas e em premissas já alcançadas: uma "pretensão de poder", "expressão" de poder, estruturalmente e funcionalmente acoplada à política, e por isso diversa do discurso

---

[129] Para uma recente retomada do termo, cfr. G.U. Rescigno, *Ripensando le convenzioni costituzionali*, em G. Mor (cur.), *Norme di correttezza costituzionale, convenzioni ed indirizzo politico*, Giuffrè, Milano 1999, p. 31.
[130] *Dottrina dello Stato*, tr.italiana ESI, Napoli 1988, p. 387 ss.
[131] Na Itália, F. Pierandrei, *La Corte Costituzionale e le modificazioni tacite della Costituzione* (1951), agora em *Scritti di Diritto costituzionale*, I, Giappichelli, Torino, 1965, p. 86.
[132] Sobre as implicações formalizantes da dogmática da regularidade do real veja N. Luhmann, *La differenziazione del diritto*, tr.italiana Il Mulino, Bologna 1990, p. 50 ss.
[133] Sobre implicações complexas do conceito de *Dispositives Recht*, permito-me reenviar ao meu *Controllo parlamentare e teorie costituzionali*, Cedam, Padova 1996, p. 267 ss.

argumentativo de uma terceira instância, como o juiz constitucional, voltado a explicitar uma "pretensão de validade" aquelas "representações" (*Darstellung*) da unidade, premissa do direito positivo,[134] em termos contrafactuais, para resistir ao tempo através do controle do presente e, portanto, do futuro.

Ambos, todavia, registram graus diversos de sensibilidade, em termos cognitivos, no que diz respeito às solicitações que provêm do ambiente externo, para processualizá-las nos limites inerentes às estruturas e às operações que diferenciam o direito (constitucional) da política: com isto salvaguardam o acoplamento estrutural do direito e da política sobre a base de premissas já fornecidas ou que possam ser fornecidas.

3. A transformação constitucional como mudança das premissas

Das observações expostas, pode-se deduzir que a transformação constitucional se torna um evento atributivo de sentido "por si" ou "por outros", e portanto como decisão reportada a premissas. Esta, todavia, não pode se exprimir somente em um ou em outro, se não a custo de desconhecer o "acoplamento estrutural" de direito e política sobre o qual se funda. Em outros termos, tal "evento" não nasce como dimensão temporal definitiva: não possuiu um *seu* tempo, porque é *no* tempo.

Em outros termos, o tempo da transformação é implacavelmente no presente, é sempre simultâneo às

---

[134] A contraposição entre "pretensões de poder" e "pretensões de validade", como é notado presente nas teorias hermenêuticas de K.O. Apel, evoca outras duplas conceituais amadurecidas na reflexão alemã propriamente sobre a fronte da dialética norma-realidade. Pensa-se além as subdivisões de W. Kaegi (*Die Verfassung als rechtliche Grundordnung des Staates*, Sohr, Zürich 1945, p. 9 ss.) entre questões jurídicas (*Rechtsfragen*) e questões de poder (*Machtfragen*) ao interior da dinâmica constitucional.

premissas e às decisões, independentemente se "por si" ou "por outros".

De resto, foi observado que a interpretação do texto e do fato normativo é na verdade interpretação da coisa, na qual o texto ou o fato "falam", no sentido de reconectar-se à "relação da vida", isto é, à realidade que olham.[135] Quem está "dentro" daquela "relação de vida" (quem a detém, se diria na perspectiva alemã do *Dispositives Recht*) produz transformação. Por outro lado, esta experiência no interior da "relação de vida" não significa apenas estender a consistência das próprias informações sobre a mesma, mas obter posições, orientar-se para que a autocompreensão e o modo do comportamento se transformem, se adaptem: partir de premissas e fixar premissas.[136] Uma vez efetivada tal transformação, aproxima-se às experiências sucessivas de forma diversa, porque mudou o repertório pré-existente. Eis então que o distanciamento do conteúdo, mais uma vez, não é simplesmente do texto e do fato verificados (basta pensar na redundância da doutrina do precedente), mas das experiências simultâneas que não ditavam o sentido.[137] Em síntese, a transformação produz transformação. A experiência constitucional é tudo isto: é contingência do processo decisório.

---

[135] Sobre as hipóteses de "compreensão do texto" como experiência, veja as reflexões de R. De Giorgi, *Scienza del diritto e legittimazione*, Pensa, Lecce 1998, p. 116 ss.
[136] A posição sintetizada è expressa em particular por D. Boehler, sobre o qual sempre R. De Giorgi, *Ibidem*.
[137] A observação encontra averiguação em diversos e transversais *approcci* ao tema da relação entre interpretação e transformação constitucional. Pensa-se em circunstância que a problemática caracteriza algumas reconstruções "contitucionalísticas" na literatura anglo-saxã: recordo-me dos conceitos de "normas preconstitucionais" em R. Kay, *Preconstitutional Rules*, em "Ohio State Law Journal", 42, 1981, p. 187, de "normatividade de contexto" em J. David, *Reason, Cause and Principle in Law: the Normativity of Context*, em "Oxford Journal of Legal Studies", 1999, p. 203 ss., de "racionalidade compresiva" em E. Rubin, *Beyond Public Choice: Comprehensive Rationality in the Writing and Reading of Statutes*, em "New York U.L.Review", 66, 1, 1991, p. 32.

4. Vorläufige Verfassung e "periferias do Mundo"

Com experiência constitucional, a contingência do direito constitucional positivo se conjuga com a sua perene "transitoriedade". *Ungescrhiebenes Verfassungsrecht* e *Verfassungswandlung* geram *Vorläufige Verfassung*.[138]

Todavia, ainda uma vez, não é de se esquecer os pontos de partida (analíticos ou narrativos), dos quais se observa à Constituição como "transformação/transição". Pensa-se no fato de que a mesma condição "transformativa" pode ser entendida como aquelas expressões da "indeterminação" do direito formal, como ressalta a literatura americana, cujo sintoma evidente de uma "materialização" do direito que infringe qualquer aparato lógico-formal, como emerge da literatura alemã.[139]

Dentre outros, Germán Bidart Campos[140] tinha justamente definido como "transitório" o direito dos "paralelismos" mais ou menos explícitos entre fatos e normas, em cujo interior o "valor do fato" consistirá na sua

---

[138] É bom pontualizar que o termo *Vorläufige Verfassung* foi, não por acaso, usado e abusado durante o Nazismo. Veja, sobre o conceito, C. Lavagna, *La dottrina nazionalsocialista del diritto e dello Stato*, Giuffrè, Milano 1938, p. 98 ss. Recentemente, na literatura internacional sobre a transitoriedade como *"modus vivendi"* da Constituição, U. Llammego Bulos, *Mutação Constitucional*, Saraiva, S. Paulo 1997. O vocábulo brasileiro *Mutação* corresponde àquele castelhano *Mutaciòn*, com o qual se traduz o termo alemão *Wandlung*. Provavelmente atrás da constatação da "transitoriedade" da Constituição, enquanto transformação de transformação, se esconde também a idéia de um direito constitucional como simples "legitimação do existente". Eis então que J.J. Gomes Canotilho, *Direito Constitucional e Teoria Constitucional*, Almedina, Coimbra 1998, p. 1101, traduz explicitamente a expressão *Wandlung* como "transição". Em tal perspectiva, na Itália Mario Dogliani interpreta o conceito da *flexibilidade da Constituição*, elaborado por el Prof. italiano Giuseppe Treves (cfr. *Interpretazioni della Costituzione*, Giappichelli, Torino 1982, p. 91).

[139] Em mérito se detém C. Joerges, *Politische Rechtstheorie and Critical Legal Studies: an American-German Debate*, em C. Joerges, D. Trubek (ed.), *Critical Legal Tought*, Nomos Verlag, Baden-Baden 1989, p. 597 ss.

[140] G. Bidart Campos, *Derecho Constitucional*, Ed. Estudios Institucionales, Buenos Aires 1964, p. 34. Mas cfr. também A. Porras Nadales, *Derecho constitucional y evolucionismo juridico*, em "Revista de Estudios Polìticos", 87, 1995, p. 109 ss.

capacidade de durar a respeito da positivação formal das normas constitucionais, e a superação da transição dependerá apenas da decisão de vencer a predominância "duradoura" daqueles fatos. A transitoriedade vive portanto no "acoplamento estrutural" de direito e política.

Mas o que isto implica? Que a "transitoriedade" já realiza a condição das Constituições hodiernas, sobretudo as escritas? É assim no momento no qual a Constituição se reconhece na contingência e mantém elevada a diferenciação entre política e direito. Não por acaso, o *Tatrecht* nazista, com a sua confusão de direito e política, não era nem transitório nem transformável. Simplesmente não havia Constituição. Ao contrário, as constituições contemporâneas, salvaguardando a contingência, reproduzem a complexidade da diferença entre direito e política.

Entre outras coisas, o impulso ao "mundialismo constitucional", identificado pela pretensa aceitação universal de valores, conexos em realidade a determinadas "relações de vida" ocidentais e industrializadas e, portanto, desprovidos de referências materiais próprias, intensifica a dimensão contingente.

De fato, nas "periferias do *Mondo Terzo*" do constitucionalismo, como se vive a experiência constitucional de um direito de qualquer modo eventual, talvez *ainda mais* contingente porque coativamente importado nas premissas, e, portanto, transformável? É possível identificar a realidade das "periferias do Mundo" como lugar crítico de estudo dos fenômenos de transformação constitucional, propriamente para a simultaneidade dos processos de mundialização dos modelos constitucionais ocidentais, que parecem prescindir da diferenciação da condição dos sujeitos em função dos simples subsistemas de referência, endossando situações de desigualdade funcional (no que diz respeito à economia, ao direito, à educação, etc.), que incidem sobre a solidez de normas e significados aparentemente homogêneos ou exatamente idênticos? Mas a exportação de um direito que observa a constituição como contingência e transformação, como expectativa e não mais como certeza, permite revelar estas novas "marginalidades"?[141]

Essas interrogações abrem novo capítulo sobre os problemas explicativos da transformação constitucional. Talvez se poderia ser induzido a pensar que, quando os textos constitucionais não refletem "a relação de vida", esses em qualquer medida se projetam apenas como "símbolos" da relação da sociedade com o seu futuro. De fato, a simbolização do direito produz formas particulares de estabilidade nas expectativas orientadas ao futuro. É em similares circunstâncias que reformas constitucionais e representações das mesmas são destinadas a produzir apenas uma *Symbolische Konstitutionalisierung*,[142] em cujo interior está o direito constitucional, ainda pretendem operar baseadas em premissas, se auto-observam independentemente da realidade, arriscando-se a confundir as funções da política e do próprio direito respectivo às premissas.

Originalmente o Symbolon não indicava, talvez, o vínculo de dois ou mais sujeitos em nome da universalidade e reciprocidade de um objeto? E quais símbolos e quais universalidades perseguem a constitucionalidade das premissas acolhidas nas "periferias do Mundo"?

A modernidade vem sendo edificada baseando-se sobre a desvinculação de duas grandes lógicas sistemáticas e funcionais, aquela do mercado e aquela do Estado representativo. Em se tratando de lógicas "impessoais", fundadas, a saber, em uma dimensão de universalidade

---

[141] Cfr., entre os mais destacados estudiosos das "transitoriedades" nas periferias do Mundo, G. O'Donnel, *Democracia delegativa*, em "Novos Estudos Cebrap", 31, 1991, p. 25 ss., com respeito à América Latina.
[142] M. Neves, *Die Symbolische Konstitutionalisierung*, Duncker & Humblot, Berlin 1998, J.M. Adeodato, *Unbeständigkeitsstrategien in Rechtssystemen der Peripherie: eine Form alternativen Recht*, em "Verfassung und Recht in Übersee", 32, 1999, p. 335 ss.

não contingente (a lei da procura e da oferta, a igualdade de todos perante a lei, etc.). Não foi ao acaso que os direitos do homem foram definidos "universais". Hoje assiste-se no Ocidente a decomposição e recomposição daquelas lógicas em sua tradicional estrutura normativa e institucional (pensava-se, entre outras questões, naquela do "direito de cidadania" dos extracomunitários na Europa), enquanto a universalização dos conteúdos do constitucionalismo ocidental (democracia, representação, valores, igualdade) se encontra com níveis sociais primários (etnia, raça, religião, língua) que parecem prevalecer seus papéis funcionais normativamente impostos, redimensionando o texto normativo a uma mísera *Façade Constitutionnelle*, e as transformações constitucionais à ilusória breve corrida da efetividade de premissas ainda em vigor, também em discussão, nas relações de vida ocidental.

Em síntese, também o "mundialismo constitucional" sofre a contraditória compreensão de elementos globalizantes e diferenciados, produtos das hodiernas independências planetárias de premissas e decisões. Cada processo constitucional local, nacional ou regional, independentemente do assunto axiológico que o sustenta (tutela dos direitos humanos, subsidiariedade, autonomia, etc.) reenvia a uma articulação global sua, assim como cada expressão de globalidade reenvia simetricamente a eventos e "relações de vida" locais. Poderão resultar semelhantes e, portanto, comparáveis às procedimentalizações formais das solicitações provenientes do ambiente externo, mas não tanto os conteúdos de "representação" (*Darstellung*) e "pretenção" (*Ausdruck*) de seus sentidos.

Se não fosse assim, a categoria da transformação constitucional arriscaria reduzir-se também ela à expressão de uma "simbolização" e a indiferença entre *Wandlung* e *Ungeschriebenes Recht* na sobreposição de funções entre política e direito.

5. A inquietação da Europa

Este risco se apresenta na Europa da integração comunitária, em cujo interior o fenômeno das transformações constitucionais conhece uma ulterior razão de inquietação conectada à crise do Poder Constituinte dos Estados soberanos e à crise de *responsividade* dos seus textos escritos em relação à realidade nacional e européia de referência.

O Poder Constituinte europeu está em crise na sua monolítica unicidade, como livre vontade de criar fins e valores a imprimir para o futuro.[143] O significado expresso do art. 1º do Título VII da Constituição Francesa de 3 de setembro de 1791, na qual se proclamava que "a Nação tem o direito imprescritível de mudar a sua constituição", não aparece mais atual. Hoje tal direito é *prescrito*, não porque codificado por qualquer nova fonte ultra constitucional e, portanto, *privado da sua originalidade*, mas porque *caído em prescrição* com a emergência da integração supranacional, *substituído pela originalidade* de um inédito processo de integração de ordenamentos jurídicos, que prescinde do concurso de vontades livres nos fins e nos valores e da textualidade das constituições nacionais escritas.

A crise do Poder Constituinte na Europa não depende, portanto, da constatada incompatibilidade de um ato fundador e livre nos fins com as hodiernas constituições positivas dos direitos de liberdade, elevados a limites de qualquer vontade política. O ato fundador da Europa Comunitária (os tratados institutivos) não nasce sobre a reivindicação e extensão popular daqueles direitos. É tudo ao contrário.

Conseqüentemente, o processo de integração europeu não exprime, ao menos até os tempos mais recentes, nenhuma funcionalidade condicionada à afirmação de

---

[143] S. Della Valle, *Una costituzione senza popolo?*, Giuffrè, Milano 2002.

uma lei superior que se substitua à vontade historicamente expressa das constituições democráticas. Mas simplesmente isso prescinde daquela vontade, em nome de uma inédita "legalidade comunitária" estruturada sobre práxis tecnocráticas, privadas de legitimação democrática direta, mas autolegitimadas apenas através da jurisprudência autoreferencial da Corte de Justiça Européia.[144]

Além disso, o citado art. 1º da Constituição Francesa de 1791, decretando que "é mais de acordo com o interesse nacional usar somente, com os meios extraídos da mesma constituição do direito de reformar os artigos, cujos inconvenientes a experiência haveria de fazer sentir", associava o ato constituinte à escrita de um texto a conjugar sua realidade. O Poder Constituinte se reconhecia na redação de um projeto escrito em condições de animar uma nova *práxis*, à qual atingir para reformar as disposições. Em síntese, o advento do Poder Constituinte sancionava a aquisição do tempo como construção social e portanto normatizável, isto é, determinável a partir de um texto escrito. Disso é derivada, como é notório, a relação entre Poder Constituinte "originário" e Poder Constituinte "derivado" (ou "poder de reforma"), segundo um esquema objetivo e certo de produção normativa fundado sobre livre determinação de um povo e de uma nação. A procedimentalização formal e escrita desta seqüência, modulada sobre a relação entre texto constitucional e realidade, representou o valor por excelência do constitucionalismo europeu moderno, em favor da identificação da legitimidade com a legalidade, e da legalidade com a "fidelidade ao texto constitucional".

Ao contrário, a integração européia pediu e requer enormes sacrifícios à "fidelidade aos textos constitucio-

---

[144] M. Carducci, *A legalidade comunitaria como transformação constitucional*, em F. Piovesan (coord.), *Direitos Humanos, Globalização Economica e Integração Regional*, Max Limonad, São Paulo 2002, p. 134-155.

nais". Impõem anulações, exceções, aquilo que os juristas alemães definem "rupturas da Constituição" (*Verfassungsdurchbrechungen*); em suma, entrepõe à dialética entre o texto constitucional e realidade um "terceiro fator", que não é simplesmente um "novo" texto escrito (os Tratados institutivos da Comunidade Européia) nem uma inédita realidade ruim efetiva, acidental e imprevista.[145] É, ao contrário, um processo informal, desejado mas não consentido democraticamente, capaz de incidir sobre textos escritos nacionais e de condicionar as realidades estatais que esses fizeram referência, em condições não tanto de contestar a soberania originária das Constituições escritas européias, mas de minar a sua *responsividade* com relação ao mesmo processo, muito mais do que aos direitos de liberdade nos quais aquelas Constituições se reconhecem.

Portanto, se está em presença de uma inédita crise de *responsividade* do Direito Constitucional escrito europeu, diferente daquela produzida no interior dos Estados individuais com a proliferação de regras formais que geram questões e problemas de aplicação e de eficácia do direito.

De fato, este último aspecto reinsere na mais geral questão das transformações constitucionais em razão do tempo normativo construído pelos textos escritos dos Estados individuais: transformação efetuada "por si" ou "por outros", como se viu.

Ao contrário, a circunstância e a construção do tempo dos processos de integração européia foge à vontade (originária ou derivada) das constituições estatais escritas, abre novos horizontes que certificam inexoravelmente o final do poder constituinte como tempo normativo, porque programado em um texto.

---

[145] Por uma comparação Mercosul/União Européeia, B. Galindo, *As mundanças constitucionais no Brasil e na Alemanha em virtude da adptação ao direito da integração*, em "Revista de Informação Legislativa", 19, 154, 2002, p. 93 ss.

Isto comporta a necessidade de abandonar uma categoria central na compreensão das dinâmicas constitucionais estatais (aquela de fato do Poder Constituinte) e contemporaneamente requer uma inevitável verificação sobre as ulteriores conjugações de tempo e constituição, que aquela categoria historicamente entregou à Europa.

Nem mesmo o discurso sobre o Poder Constituinte na Europa foge à inquietude das transformações constitucionais.

A Europa constitucional e democrática está destinada à "inquietação"?

Bibliografia

Adeodato J. M. *Legal decision-making proceedengs in underdeveloped Countries*, em "Indian Social-Legal Journal", 1-2, 1992.

——. *Ética e retórica*. São Paulo: Saraiva, 2002.

Amin S. *Lo sviluppo ineguale. Saggio sulle formazioni sociali del capitalismo periferico*, trad. italiana Einaudi. Torino, 1977.

Asor Rosa A. *Thomas Mann o dell'ambiguità borghese*. Bari: De Donato 1971.

Ayres Britto C. *Teoria da Constituição*. Rio de Janeiro: Forense, 2003.

Badiou A. *L'être et l'Evénement*. Paris: Du Seuil, 1988.

Berlin I. *Quattro saggi sulla libertà*. trad. italiana Feltrinelli. Milano, 1989.

Bidart Campos G. *Derecho Constitucional*. Buenos Aires: Estudios Institucionales, 1964.

Bifulco R. *La cooperazione nello Stato unitario composto*. Padova: Cedam, 1995.

Bin R. *Diritti e argomenti*. Milano: Giuffrè, 1992.

Bolzan de Morais J. L. *As Crises dos Estados e da Constituição e a transformação espacial dos direitos humanos*. Porto Alegre: Livraria do Advogado, 2002.

Bonanate L. *Etica e politica internazionale*. Torino: Einaudi, 1992.

Bonavides P. *Do País constitucional ao País Neocolonial*. São Paulo: Malheiros, 2001.

Brandt W. *Rapporto Brandt. Nord-Sud*. trad. italiana Mondadori. Milano, 1980.

Brubaker W.R. *Immigration, citoyenneté et Etat-Nation en France et en Alemagne: una analyse historique comparative*, em "Le Tempes Modernes", 540-541, 1991.

Bruckner P. *Il male oscuro delle democrazie*, em "Lettera internazionale", 29, 1991.

Caillé A. *Il terzo paradigma. Antropologia filosofica del dono*, trad. italiana Bollati Boringhieri. Torino 1998.

Carducci M. *Controllo parlamentare e teorie costituzionali*. Padova: Cedam, 1996.

——. *Comparazione nei mutamenti istituzionali*. Lecce: Pensa, 1999.

——. *A legalidade comunitaria como transformação constitucional*, em F. Piovesan (coord.), *Direitos Humanos, Globalização Economica e Integração Regional*. São Paulo: Max Limonad, 2002.

Cass Sunstein R. *The Partial Constitution*. Harvard (Mass.): Harvard University Press, 1993.

Cassano F. *Approssimazione. Esercizi di esperienza dell'altro*. Bologna: Il Mulino, 1989.

Cerroni U. *Regole e valori della democrazia*. Roma: Editori Riuniti, 1989.

Ciotola M. *Teoria da Justiça: a Crítica de Ronald Dworkin a Michael Walzer*, em J. Ribas Vieira (org.), *Temas de Direito Constitucional Norte-Americano*. Rio de Janeiro: Ed. Forense, 2002, p. 123 ss.

Cittadino G. *Pluralismo, Direito e Justiça Distributiva*. Rio de Janeiro: Lumen Juris, 1999.

Dahl R.A. *Poliarchia. Partecipazione e opposizione nei sistemi politici*, trad.italiana Il Saggiatore. Milano, 1988.

——. *Dilemmi della democrazia pluralista*, trad.italiana Il Saggiatore, Milano 1988.

——. *La democrazia e i suoi critici*, trad.italiana Editori Riuniti. Roma 1990,

——. *Democracy, Majority Rule and Gorbachev's Referendum*, em "Dissent", 1991.

Dahrendorf R., *Politik. Eine Kolumne. Europa der Regionen?*, em "Merkur", 509, 1991.

David J. *Reason, Cause and Principle in Law: the Normativity of Context*, em "Oxford Journal of Legal Studies", 1999.

De Giorgi R. *Scienza del diritto e legittimazione*. Lecce: Pensa, 1998.

Della Valle S. *Una costituzione senza popolo?* Milano: Giuffrè, 2002.

Derida J. *Politiche dell'amicizia*, trad.italiana em "Aut-Aut", 242, 1991.

Dogliani M. *Interpretazioni della Costituzione*. Torino: Giappichelli, 1982.

Dumont L. *Homo aequalis, II. L'ideologie allemande. France-Allemagne et retour*. Paris: Gallimard, 1991.

Dupuy J.P. *John Rawls et la question du sacrifice*, em "Stanford French Review", 1986.

Dworkin R. *I diritti presi sul serio*, trad.italiana Il Mulino Bologna, 1982.

―――. *The Theory and Practice af Authonomy*. Cambridge (Mass.): Cambridge Univ. Press, 1989.

Elster J. *Solomonic Judgements*. Cambridge (Mass): Cambridge Univ. Press, 1990.

Esposito E. *L'operazione di osservazione*, Il Mulino. Bologna, 1992.

Ferrajoli L. *Diritto e ragione*. Roma-Bari: Laterza, 1989.

Galli C. *La "macchina" della modernità. Metafisica e contingenza nel moderno pensiero politico*, em AA.VV., *Logiche e crisi della modernità*, Il Mulino. Bologna 1991.

Galindo B. *As mundançans constitucionais no Brasil e na Alemanha em virtude da adptação ao direito da integração*, em "Revista de Informação Legislativa", 19, 154, 2002.

Garcia Belaunde D. *¿Existe un espacio público latinoamericano?* em "Revista Latinoamericana de Estudos Constitucionais", 1, 2003, p. 1 ss.

Girard R. *La violenza e il sacro*. trad. italiana Adelphi. Milano, 1980.

―――. *Il capro espiatorio*. trad.italiana Adelphi. Milano, 1987.

Gomes Canotilho J.J. *Direito Constitucional e Teoria Constitucional*. Coimbra: Almedina, 1998

―――. *O Direito Constitucional na Encruzilhada do Milénio: de uma Disciplina Dirigente a uma Disciplina Dirigida*, em AA. VV., *Constitución y Constitucionalismo hoy*. Caracas: Mac-Graw Hill, 2000.

Grossi P. *Globalizzazione e pluralismo giuridico*, em "Quaderni Fiorentini", 29, 2000.

Gutman A. (ed.), *Multiculturalism – Examining the Politics of Recognition*. New Jersey, Princeton Univ. Press., 1994.

Habermas J. *La rivoluzione in corso*, trad.italiana Feltrinelli. Milano, 1990.

Häberle P. *Diritto e verità*, trad. italiana Einaudi. Torino, 2000.

Hatschek J. *Konventionalregeln*, em "Jahrbuch des öffentlichen Rechts der Gegenwart", III, 1909.

Heller H. *Dottrina dello Stato*, tr.italiana ESI. Napoli, 1988.

Kaegi W. *Die Verfassung als rechtliche Grundordnung des Staates*. Zürich: Sohr, 1945.

Kant I. *Per la pace perpetua. Progetto filosofico*, trad.italiana em *Scritti politici e di filosofia della storia e del diritto, a cura di N. Bobbio, L. Firpo*. Torino: V. Mathieu, Utet, 1965.

Kay R. *Preconstitutional Rules*, em "Ohio State Law Journal", 42, 1981.

Jerusalem F.W. *Der Staat*. Jena: Jus, 1935.

Joerges C. *Politische Rechtstheorie and Critical Legal Studies: an American-German Debate*, em C. Joerges, D. Trubek (eds.), *Critical Legal Tought*. Baden-Baden: Nomos Verlag, 1989.

Jonas H. *Dalla fede antica all'uomo tecnologico*, trad.italiana Il Mulino. Bologna, 1991.

Latouche S. *L'occidentalisation du monde. Essai sur la signification, la portée et les limites de l'uniformisation planétaire*, Paris. La Découverte, 1989.

Lavagna C. *La dottrina nazionalsocialista del diritto e dello Stato*. Milano: Giuffrè, 1938.

Lévinas E. *Totalità e infinito*, trad.it. Jaka Book. Milano 1977.

Autrement qu'etre ou au-delà de l'essence. Boston, London: Martinus Nijoff Publishers, The Hague, 1978.

———. *Hors Sujet*. Paris: Fata Morgana, 1987.

Llammego Bulos U. *Mutação Constitucional*. São Paulo: Saraiva, 1997.

Lucas Verdú P. *La Lucha por el Estado de Derecho*. Bolonia: Publicaciones del Real Colegio de España, 1975.

———. *La Constitución abierta y sus "enemigos"*. Madrid: Alianza, 1993.

Luhmann N. *Struttura della società e semantica*, trad.italiana Laterza. Bari-Roma, 1983.

———. *La differenziazione del diritto*, tr.italiana Il Mulino. Bologna, 1990.

———. *La costituzione come acquisizione evolutiva*, tr.italiana em G. Zagrebelsky e outros, *Il futuro della Costituzione*. Torino: Einaudi, 1996.

Lukes S. *Equality and Liberty: Must they Conflict?*, em "Moral Conflict and Politics". Clarendon Press, Oxford, 1991.

Luther J. *Costituzionalismo europeo e costituzionalismo americano: scontro o incontro?*, em www.associazionedeicostituzionalisti.it/cronache/.

Martines T. *Prime osservazioni sul tempo nel diritto costituzionale*, agora em *Opere*, I. Milano: Giuffrè, 2000.

Martinez García J.I. *La Constitución, fundamento inquieto del Derecho*, em "Revista Española de Derecho Constitucional", 55, 1999.

Martínez Zorrilla D. *El Pluralismo de Iasaiah Berlin frente al relativismo y la inconmensurabilidad*, em "Revista de Estudios Políticos", 109, 2000.

Müller F. *Que grau de exclusão social ainda pode ser tolerado por um sistema democrático?*, em "Revista da Procuradoria-Geral do Município de Porto Alegre", Unidade Editorial da Secretaria da Cultura, Porto Alegre, 2000.

Nancy J.L. *L'expérience de la liberté*. Paris: Galilée, 1988.

———. *Guerre, droit, souveraineté-techné*, em "Le Temps Modernes", n. 539, 1991.

Neves M. *Die Symbolische Konstitutionalisierung*. Berlin: Duncker & Humblot, 1998.

Oakeshott M. *La condotta umana,* trad. italiana Il Mulino. Bologna, 1985.

O'Donnel G. *Democracia delegativa,* em "Novos Estudos Cebrap", 31, 1991.

———. *Sobre o Estado, a Democratização e alguns problemas concetuais,* em "Novos estudos Cebrap", 36, 1993.

Orestano R. *Norma statuita e norma statuente. Contributo alla semantica di una metafora,* agora em *Edificazioni del giuridico.* Bologna: Il Mulino, 1989.

Ortino S. *Diritto Costituzionale Comparato.* Bologna: Il Mulino, 1994.

Pereira de Souza Neto C.; Bercovici G., de Moraes Filho; G.F., Mont'Alverne B. Lima F., *Teoria da Constituição. Estudos sobre o Lugar da Política no Direito Constitucional.* Rio de Janeiro: Lumen Juris, 2003.

Pierandrei F. *La Corte Costituzionale e le modificazioni tacite della Costituzione* (1951), agora em *Scritti di Diritto costituzionale, I.* Torino: Giappichelli, 1965.

Porras Nadales A. *Derecho constitucional y evolucionismo juridico,* em "Revista de Estudios Polìticos", 87, 1995.

Ramon Capella J. *Os Cidadãos Servos.* Porto Alegre: Sergio Fabris, 1998.

Rawls J. *Uma Teoria da Justiça,* trad. portuguesa Presença. Lisboa 1993.

Rescigno G.U. *Ripensando le convenzioni costituzionali,* em G. Mor (cur.), *Norme di correttezza costituzionale, convenzioni ed indirizzo politico.* Milano: Giuffrè, 1999.

Ricoeur P. *Sé come un altro,* trad. italiana Jaca Book. Milano, 1993.

———. *J. Rawls: de l'autonomie morale à la fiction du contract social,* em "Revue de Metaphisique et de Morale", 3, 1990.

Rimoli F. *Costituzione rigida, potere di revisione costituzionale, interpretazione per valori,* em "Giurisprudenza Costituzionale", 1992.

Rosenfeld M.(ed.). *Constitutionalism, Identity, Difference and Legitimacy: Theoretical Perspectives.* Durham: Duke Univ. Press, 1994.

———. *Interpretazioni,* trad. italiana Il Mulino. Bologna, 2002

Rousseau J.J. *Sull'economia politica,* trad.it. em *Scritti politici,* a cura di E. Garin, Vol. I. Bari: Laterza, 1971.

Rubin E. *Beyond Public Choice: Comprehensive Rationality in the Writing and Reading of Statutes,* em "New York U.L.Review", 66, 1, 1991.

Ruggeri A. *Note sparse per uno studio sulle transizioni di rilievo costituzionale,* em "Rassegna Parlamentare", 1, 2000.

Saladin P. *Verfassungsreform und Verfassungsverständnis,* em "Archiv des öffentlichen Rechts", 1979.

Sampaio J.A. Leite. *A Constituição Reinventada pela Jurisdição Constitucional*. Belo Horizonte: Del Rey, 2002.

Sanchez Urrutia A.V. *Mutación Constitucional y Fuerza Normativa de la Constitución. Aproximación al origen del concepto*, em "Revista Española de Derecho Constitucional", 58, 1999.

Sandel M. *Liberalism and the limits of justice*. Cambridge (Mass.): Cambridge University Press, 1982.

Schauer F., *Judicial Self-Understanding and the Internationalization of Constituional Rules*, em "University Colorado Law Review", 61, 1990.

Schmitt C. *Die geistessgeschichtliche Lage des heutigen Parlamentarismus* (1923). Berlin: Duncker & Humblot, 1994.

Sen A. *Levels of poverty*. Washington: World Bank, 1980

———. *The Right not to be hungry*, em AA.VV. *Contemporany Philosophy. A new survey*. Boston, London: Martinus Nijoff Publishers, The Hague, 1981.

———. *Resources, values and Development*. Cambridge (Mass.): Harvard Univ. Press, 1984.

———. *The Standard of Living*, em AA.VV., *The Standard of Living*. Cambridge (Mass.): Ed. by G. Hawthorn, Cambridge Univ. Press, 1987.

———. *La liberté individuelle: une responsabilitè sociale*, em "Esprit", 1991.

Smend R. *Les Actes de gouvernement en Allemagne*, em "Annuaire de l'Institute Internationale de Droit Public", II, 1931.

Spadaro A. *Contributo per una teoria della Costituzione. I. Fra democrazia relativista e assolutismo etico*. Milano: Giuffrè, 1994.

Tayolr Ch. *Multiculturalism and the Politics of Recognition*. New Jersey: Princeton University Press, 1992.

Teubner G. *Diritto policontesturale: prospettive giuridiche della pluralizzazione dei mondi sociali*, trad.italiana La Città del Sole. Napoli, 1999

Tocqueville A. de. *La democrazia in America*, em *Scritti politici*, a cura di N. Matteucci, vol. II. Torino: Utet, 1968.

Tosi S. *Modificazioni tacite della Costituzione attraverso il diritto parlamentare*. Milano: Giuffrè, 1959.

Troper M. *L'Avenir du Droit Constitutionnel*, em "Revue Belge de Droit Constitutionnel", 2, 2001.

Unbeständigkeitsstrategien in Rechtssystemen der Peripherie: eine Form alternativen Recht, em "Verfassung und Recht in Übersee", 32, 1999.

Unger R. M. *Conoscenza e política*, trad. italiana Il Mulino. Bologna, 1983.

Wallerstein I. *Il sistema mondiale dell'economia mondo*, trad.italiana Il Mulino. Bologna, 1978

Walzer M. *Sfere di giustizia*, trad.italiana Feltrinelli. Milano, 1987
———. *Interpretazione e critica sociale*, trad.italiana Edizioni Lavoro. Roma, 1990.
———. *Due specie di universalismo*, em "Micromega", 1, 1991.

Impressão:
Editora Evangraf
Rua Waldomiro Schapke,77 - P. Alegre, RS
Fone: (51) 3336-2466 - Fax: (51) 3336-0422
E-mail: evangraf@terra.com.br